虚拟现实与教育研究

李孟曦◎著

吉林大学出版社
·长春·

图书在版编目（CIP）数据

虚拟现实与教育研究/ 李孟曦著. --长春：吉林大学出版社，2024.5. -- ISBN 978-7-5768-3229-7

Ⅰ. G40-03；TP391.98

中国国家版本馆CIP数据核字第20242TM695号

书　　　名	虚拟现实与教育研究
	XUNI XIANSHI YU JIAOYU YANJIU
作　　　者	李孟曦
策划编辑	李伟华
责任编辑	李伟华
责任校对	冀洋
装帧设计	万典文化
出版发行	吉林大学出版社
社　　　址	长春市人民大街4059号
邮政编码	130021
发行电话	0431-89580036/58
网　　　址	http://www.jlup.com.cn
电子邮箱	jldxcbs@sina.com
印　　　刷	唐山唐文印刷有限公司
开　　　本	787 mm×1092 mm　1/16
印　　　张	7.75
字　　　数	160千字
版　　　次	2025年4月　第1版
印　　　次	2025年4月　第1次印刷
书　　　号	ISBN 978-7-5768-3229-7
定　　　价	68.00元

版权所有　翻印必究

虚拟现实（VR）技术作为一种新型的信息技术手段，已经在教育领域引起了广泛关注。虚拟现实技术可以提供身临其境的学习体验，为教育教学带来前所未有的变革。通过虚拟现实技术，学生可以身临其境地参与到各种场景和情境中，例如历史事件的重现、科学实验的模拟等，从而加深学生对知识的理解和记忆。这种沉浸式的学习方式可以激发学生的学习兴趣，提高学习动力。传统的教学方式受制于时间、空间等因素，而虚拟现实技术可以突破这些限制。教师可以利用虚拟现实技术创造出各种想象不到的教学场景，使得抽象的知识变得具体可见，提高教学效果。通过虚拟现实技术，教师可以根据学生的学习特点和需求，量身定制教学内容和方式，使得教学更加贴近学生的实际需求，提高学习效果。

本书旨在深入探讨虚拟现实技术在教育领域的应用和研究。随着科技的不断发展，虚拟现实技术正逐渐成为教育领域的重要工具，为学生提供了更加丰富、生动的学习体验，也为教育者提供了创新教学的机会。本书共分为六章，每章聚焦于不同的主题，从不同角度探讨虚拟现实与教育的关系。首章介绍了虚拟现实技术的基础概念和发展历程，为读者提供了必要的背景知识。接下来的章节将依次探讨虚拟现实技术原理、虚拟现实技术对数学模式的影响、虚拟现实技术对学生学习的影响、虚拟现实技术对教师角色的重视、虚拟现实技术教学资源的开发与管理。希望本书能为教育从业者、研究者以及对虚拟现实技术感兴趣的读者提供启发和参考，共同探索虚拟现实在教育中的无限可能。

由于本书需要探究的层面比较深，可能笔者对一些相关问题的研究不透彻，加之写作时间仓促，书中难免存在一定的不妥和疏漏之处，恳请前辈、同行以及广大读者斧正。

李孟曦

2024 年 5 月

目录

第一章　虚拟现实技术概述 · 1
　　第一节　虚拟现实技术的基本概念 · 1
　　第二节　虚拟现实技术发展历程 · 7
　　第三节　虚拟现实在教育领域的研究现状 · 14

第二章　虚拟现实技术原理 · 19
　　第一节　虚拟现实技术基础 · 19
　　第二节　三维建模与场景设计原理 · 26
　　第三节　交互与沉浸式体验原理 · 31
　　第四节　虚拟现实技术在教育中的应用原理 · 36

第三章　虚拟现实技术对教学模式的影响 · 40
　　第一节　传统教学模式与虚拟现实技术的对比 · 40
　　第二节　虚拟现实技术对教学内容的重构 · 47
　　第三节　虚拟现实环境下的互动与协作教学 · 52
　　第四节　虚拟现实技术推动的教学模式创新 · 59

第四章　虚拟现实技术对学生学习的影响 · 65
　　第一节　虚拟现实对学生学习兴趣的激发 · 65
　　第二节　虚拟现实对学生认知能力的提升 · 75
　　第三节　虚拟现实技术对学生心理和行为的潜在影响 · 84

第五章　虚拟现实技术对教师角色的重塑 · 87
　　第一节　虚拟现实环境下教师角色的转变 · 87
　　第二节　教师如何适应虚拟现实教学环境 · 88
　　第三节　教师在虚拟现实教学中面临的挑战与应对策略 · 94

第六章　虚拟现实教学资源的开发与管理 …………………………………… 102
第一节　虚拟现实教学资源的类型与特点 ………………………………… 102
第二节　虚拟现实教学内容的设计与开发流程 …………………………… 105
第三节　虚拟现实教学资源的管理与维护 ………………………………… 108
参考文献 ………………………………………………………………………… 116

第一章 虚拟现实技术概述

第一节 虚拟现实技术的基本概念

一、虚拟现实技术的内涵

虚拟现实技术是一门交叉学科技术，汇集了多个领域的最新研究成果，是综合性集成技术的最新发展成果。它融合了计算机图形技术、计算机仿真技术、人工智能技术、人机交互技术、实时分布处理技术、数据库技术、多媒体技术、多传感器技术、显示技术、网络并行处理等领域的最新成果，是一种由计算机技术辅助生成的高技术模拟系统。

在虚拟现实技术中，计算机图形技术扮演着重要角色，它负责实现虚拟环境中的图像渲染和绘制，使得用户可以看到逼真的三维图像。同时，计算机仿真技术利用数学模型和物理引擎模拟真实世界的物理规律，使得虚拟环境的行为更加真实可信。[①] 人工智能技术则为虚拟环境中的智能体提供了智能行为和决策能力，使得虚拟世界中的角色和物体能够与用户进行智能交互。人机交互技术则是虚拟现实技术的重要组成部分，它通过各种输入设备（如头盔显示器、位置追踪器、3D 鼠标、数字手套等）实现用户与虚拟环境之间的互动，从而增强用户的沉浸感和体验感。实时分布处理技术、数据库技术、多媒体技术、多传感器技术、显示技术、网络并行处理等技术也在虚拟现实技术中发挥着重要作用，为虚拟环境的实时性、多样性、交互性和联网性提供了支持。虚拟现实技术的核心是利用计算机技术模拟人在自然环境中的视觉、听觉、运动等行为，创造出一个逼真的虚拟世界。通过虚拟现实技术，用户可以自由地游走于虚拟世界中，并与虚拟环境中的对象和角色进行互动，从而产生强烈的沉浸感和互动性。

虚拟现实技术是一种融合了多种前沿技术的综合性集成技术，它为人机交互界面的发展开创了新的研究领域，为智能工程的应用提供了新的界面工具，为各类工程大

---

① 付达杰. 虚拟现实与教育研究的文献计量学分析 [J]. 北京联合大学学报（自然科学版），2011，25（4）：41-45.

规模数据的可视化提供了新的描述方法。随着技术的不断发展和完善，虚拟现实技术将在更多领域展现出其巨大的应用潜力，并为人类社会带来更多的便利和创新。

二、虚拟现实技术的主要特征

（一）多感知性

多感知性，又称为全息性或真实性，指的是虚拟现实技术除了视觉感知外，还包括听觉、触觉、运动等感知功能，甚至可以扩展到味觉和嗅觉等。这些感知功能使得虚拟现实能够给予用户全方位、多层次的感知体验，从而使用户能够沉浸于虚拟环境之中。在教育领域，特别是旅游教学方面，虚拟现实技术的应用已经取得了显著的效果。通过虚拟现实技术，教育者可以创造出真实仿真的旅游场景，让学生身临其境地感受景点、文化、历史等元素，从而增强学习的趣味性和效果。

虚拟现实技术提供了视觉感知，使得学生可以通过头戴式显示器或投影设备看到逼真的景色和场景。例如，学生可以在虚拟现实环境中仿佛置身于古老的文明遗址、自然风光中，实时观察到周围的景物变化，这种视觉感受大大增强了学习的直观性和深度。虚拟现实技术还提供了听觉感知，通过立体音效或者定位音响系统，学生可以听到仿佛来自四面八方的声音，如鸟鸣、风声、人群喧哗等，这种听觉感知使得虚拟环境更加真实生动，增强了学生的参与感和沉浸感。虚拟现实技术还提供了触觉和运动感知，通过手柄、手套或体感设备，学生可以与虚拟环境进行互动，触摸、抓取、移动虚拟物体，甚至体验到虚拟环境中的运动感。这种触觉和运动感知使得学生能够更加直观地理解学习内容，加深记忆和体验。

虚拟现实技术在旅游教学中的应用能够有效地提升学生的学习效果和体验感。多感知性作为虚拟现实技术的基本特征之一，为学生提供了全方位、多层次的感知体验，从而促进了学生的全面发展。然而，虽然目前虚拟现实技术的感知功能已经相当丰富，但仍然存在一些技术限制，如对味觉和嗅觉的模拟尚处于实验阶段。随着技术的不断进步和完善，相信虚拟现实技术在教育领域中的应用前景将更加广阔。

（二）沉浸感

沉浸感，又称为浸没感、临场感或存在感，是虚拟现实技术所特有的带给用户的一种感受体验。与传统的二维环境不同，虚拟现实的视觉空间是三维的，声音效果也是精密仿真的三维效果。在虚拟现实中，用户不再从三维环境的边缘观察世界，而是真正地置身于这个三维世界之中。尽管虚拟环境在客观上并不存在，但一切都是按照客观规律模拟而成的。这种技术所实现的目标是使用户能够完全参与到模拟出的"真实"世界中去，运用多重感受全方位地沉浸其中。

为了营造这种沉浸感，人机交互设备起着重要作用。虚拟现实系统可以根据人类的视觉、听觉等生理心理特点,通过外部设备及计算机产生逼真的三维立体图像。用户通过头盔式显示器或其他设备,将视觉、听觉等感官封闭起来,进入一个全新的、虚拟的、非常逼真的感觉空间。当用户戴上头盔显示器和数据手套等交互设备时,他们便能将自己置身于虚拟环境中,成为这个虚拟环境中的一员。当用户移动头部时,虚拟环境中的图像也会实时地跟随变化,而拿起物体的动作也能使物体随着手的移动而运动。这种沉浸感是多方面的,不仅可以看到,还可以听到、触摸,甚至嗅到虚拟世界中所发生的一切。这些感官的反馈使得虚拟环境给人的感觉非常真实,以至于能够让人全方位地临场参与到这个虚幻的世界之中。在虚拟环境中,用户可以感受到各种对象的相互作用,一切感觉都非常逼真,仿佛身临其境。理想的模拟环境能够使用户全方位地沉浸其中,达到让使用者难以分辨虚拟与真实的程度。沉浸感是虚拟现实技术的核心特征之一,它使得用户能够在虚拟环境中得到一种身临其境的体验,进而增强了虚拟现实技术的吸引力和实用性。

(三) 交互性

交互性是虚拟现实技术的核心特征,直接影响到用户的沉浸体验。在虚拟现实中,交互性不仅意味着用户可以通过各种输入设备与虚拟环境进行互动,更重要的是,这种互动是实时且具有高度反馈性的。用户的每一个动作、每一个选择都会立即在虚拟环境中得到反映,从而使用户感受到自己对虚拟世界的掌控感,这种交互方式大大增强了用户的参与感。通过视觉、听觉、触觉等多种感官的协同作用,虚拟现实能够为用户提供一种身临其境的体验。例如,当用户在虚拟现实中伸手去触摸一个物体时,不仅能够看到物体的移动,还可以通过触觉反馈装置感受到物体的质感和重量。这种多感官的交互方式使得虚拟现实的体验更加逼真,用户能够更深入地融入虚拟环境中,从而进一步提升沉浸感。

虚拟角色的存在使得虚拟现实环境更加生动和具有吸引力。用户可以与虚拟角色进行对话、合作甚至是竞争,这些互动不仅丰富了虚拟现实的内容,也使用户在虚拟世界中获得了更多的乐趣和满足感。虚拟角色的智能化程度越高,用户的互动体验就越自然,虚拟现实的沉浸感也就越强。因此,虚拟角色的设计和开发成为提升虚拟现实交互性的重要方面。交互性还意味着虚拟现实能够根据用户的行为和偏好进行个性化的内容呈现。虚拟现实系统可以通过分析用户的动作轨迹、视线焦点以及选择行为等数据,动态调整虚拟环境的内容,从而为用户提供更加个性化和定制化的体验。这种个性化的交互方式不仅提高了用户的满意度,也为虚拟现实技术的进一步发展提供了可能性。例如,在教育领域,虚拟现实可以根据学生的学习进度和兴趣,自动调整教学内容,使每个学生都能获得最适合自己的学习体验。

随着人工智能和机器学习技术的进步,虚拟现实的交互性正变得越来越复杂和智能化。未来的虚拟现实系统将能够更加精准地理解用户的需求和行为,提供更加自然、流畅的互动体验。这不仅将虚拟现实技术推向新的高度,也将为各个领域带来深远的影响。从游戏娱乐到教育培训，从医疗康复到社会交往，虚拟现实的交互性将成为改变未来生活的重要力量。

（四）构想性

虚拟现实技术的另一个重要特征是构想性，它指的是虚拟现实技术应具有广阔的可想象空间，不仅可以再现真实存在的环境，还可以随意构想客观上不存在的环境。参与者可以在多维信息空间中通过自己的感知和认知能力获取虚拟环境中的知识，发挥主观能动性，发现新问题、形成新思想，拓宽人类的认知范围。虚拟现实技术虽然是根据现实进行模拟，但所模拟的对象却是虚拟存在的。它以现实为基础，却可能创造出超越现实的情景。因此，虚拟现实技术可以充分发挥人的认识和探索能力，让人们从定性和定量等综合集成的思维中得到感性和理性的认识。通过虚拟现实技术，人们能够进行理念和形式的创新，拓展了人类认知的边界。

虚拟现实技术为人们提供了一个创造性的空间，在这个空间中，人们可以自由地探索、创造和想象。他们可以创造出各种不同的虚拟环境，从简单的房间到复杂的城市，从现实中的场景到纯粹的想象中的世界。在这个虚拟世界中，人们可以通过各种方式表达自己的想法和观点，展示自己的创造力和想象力。虚拟现实技术的构想性特征还能够激发人们的创新精神。通过参与虚拟现实环境的互动和探索，人们可以不断地开发新的想法和概念，从而促进科学、技术和艺术等领域的发展。例如，在教育领域，虚拟现实技术可以帮助学生更好地理解抽象的概念和复杂的理论，激发他们的学习兴趣和创造力。虚拟现实技术的构想性特征为人类创造了一个无限的可能性空间，通过虚拟现实技术，人们可以探索和发现前所未有的世界，从而推动人类文明的进步和发展。

三、虚拟现实系统的类型

（一）桌面式虚拟现实系统

简易虚拟现实系统，又称简易型虚拟现实系统或窗口虚拟现实系统，是一种利用个人计算机等设备实现与虚拟世界交互的简易虚拟现实系统。它基本上由一套普通的计算机系统组成，以计算机的屏幕作为用户观察虚拟环境的一个窗口，其实就是使用个人计算机进行仿真。这种系统的发展离不开计算机技术和图形处理能力的提升，使得普通个人计算机能够处理足够复杂的图形和计算任务，从而支持虚拟现实体验的实现。

简易虚拟现实系统的核心组件通常包括个人计算机、图形显示设备、输入设备（如键盘、鼠标、手柄等）以及虚拟现实软件。通过这些组件的协作，用户可以进入一个虚拟的三维环境，并与其中的物体、场景进行交互。在这样的系统中，计算机主要负责处理图形渲染、物理仿真、用户输入等任务。而图形显示设备则将虚拟环境的图像呈现给用户，通常采用高分辨率的显示器或头戴式显示设备。输入设备则使用户能够通过键盘、鼠标或其他控制器与虚拟环境进行互动，从而增强用户的沉浸感和参与度。简易虚拟现实系统的应用领域非常广泛。在娱乐和游戏领域，它被广泛应用于虚拟游戏、虚拟演艺和虚拟旅游等方面，为用户提供沉浸式的娱乐体验。在教育和培训领域，它被应用于虚拟实验、虚拟演示和虚拟仿真等方面，帮助学生和专业人士进行实践操作和技能培训。此外，简易虚拟现实系统还在医疗、建筑、设计等领域发挥着重要作用，为医生、建筑师和设计师提供虚拟环境下的工作平台和模拟场景。简易虚拟现实系统通过利用个人计算机等设备，为用户提供了一种低成本、高度可定制化的虚拟现实体验，拓展了虚拟现实技术的应用范围，促进了虚拟现实技术在各个领域的发展和应用。

(二) 沉浸式虚拟现实系统

沉浸式虚拟现实系统是一种复杂而高级的虚拟现实技术，被认为是虚拟现实系统中的理想形态之一。它的设计旨在为用户提供一种完全沉浸的体验，让他们感觉仿佛身临其境。通过利用头盔式显示器或其他设备，沉浸式虚拟现实系统能够将参与者的视觉、听觉以及其他感官完全封闭起来，并提供一个全新的、虚拟的感知空间，让用户产生身处虚拟环境中的错觉。在沉浸式虚拟现实系统中，参与者通常会佩戴头戴式显示器，以及手部或全身的传感跟踪装置，如数据手套等，这些装置能够与虚拟世界进行实时交互。当用户穿戴这些装置进入虚拟环境时，他们的视觉、听觉和触觉等感官会被完全吸引到虚拟世界中，与外界隔绝。这种全身心的投入能够让参与者产生一种完全沉浸的感觉，仿佛他们置身于虚拟环境之中，而非现实世界。

沉浸式虚拟现实系统的实现涉及复杂的技术和设备，其中包括高分辨率的头戴式显示器、精确的传感器和实时的数据处理系统等。这些技术的结合使得系统能够实现高度逼真的虚拟环境，并且能够实时地响应用户的动作和指令，从而增强用户的沉浸感和参与度。由于参与者的视觉、听觉与外界完全隔离，沉浸式虚拟现实系统能够创造出一种全身心投入和沉浸其中的感觉。这种体验不仅可以被应用于娱乐和游戏领域，还可以在教育、培训、医疗等领域发挥重要作用。例如，在教育领域，沉浸式虚拟现实系统可以为学生提供身临其境的学习体验，增强他们的学习效果和兴趣。在医疗领域，它可以被用于模拟手术和治疗过程，帮助医生和医学生进行实践操作和技能培训。这种技术的发展为虚拟现实技术的应用开辟了新的可能性，为各个领域的发展和创新带来了新的机遇。

(三) 增强式虚拟现实系统

增强式虚拟现实系统是一种将真实环境和虚拟环境融合在一起的先进系统。在这样的系统中，用户既能看到真实世界，又可以观察到叠加在真实世界中的虚拟对象。

与传统的虚拟现实系统不同，增强式虚拟现实系统不仅可以利用虚拟现实技术模拟现实世界，而且还能增强用户对真实环境的感知体验，弥补或提升现实世界中无法感知或不便感知的感受。在增强式虚拟现实系统中，用户可以通过头戴式显示器或其他设备，同时感知到真实环境和虚拟环境的信息。这种系统的设计使用户能够在保留与真实世界的联系的同时，体验到虚拟环境带来的增强感受。例如，当用户在户外穿戴增强式虚拟现实系统时，他们可以看到周围的自然景观，同时也可以通过系统叠加显示导航信息、历史文化介绍或游戏元素等虚拟对象，从而获得更丰富的体验。

增强式虚拟现实系统不仅可以屏蔽外在感觉，还能够将用户从听觉到视觉等多个感官投入虚拟环境中。这种综合感官的沉浸体验使用户能够更深入地融入虚拟环境中，享受到更加丰富的互动体验。通过增强式虚拟现实系统，用户可以在现实环境中进行虚拟物体的操作，这不仅减少了对复杂真实环境建模的需求，同时也使得用户能够真正达到虚实结合、亦真亦幻的境界。这种系统在各个领域都有着广泛的应用前景。在教育领域，增强式虚拟现实系统可以为学生提供更加生动的学习体验，例如通过在历史场景中叠加虚拟人物和事件来进行历史探究。在旅游领域，它可以为游客提供更加丰富的旅游体验，例如在导航中叠加显示周围景点的介绍和评论。在工业领域，它可以用于训练工人进行设备操作或维修，提高工作效率和安全性。增强式虚拟现实系统通过融合真实环境和虚拟环境，以及利用虚拟现实技术来增强用户对真实环境的感知体验，为用户提供了一种全新的沉浸式互动体验，具有广阔的应用前景和发展潜力。

（四）分布式虚拟现实系统

分布式虚拟现实系统通过网络将多个虚拟现实环境连接在一起，使得地理位置分散的用户可以同时进入同一个虚拟空间进行互动。这种系统能够支持大规模的多人协作和实时交互，广泛应用于教育、娱乐、军事训练等领域。分布式虚拟现实系统的关键技术包括网络同步、数据压缩、延迟控制等，它不仅提升了虚拟现实的可扩展性和灵活性，也为虚拟现实技术在全球范围内的应用奠定了基础。

分布式虚拟现实系统的设计和实现涉及多个方面的技术和组件。它需要具备强大的虚拟现实引擎和图形渲染技术，以确保在网络环境下实时、流畅地呈现虚拟世界。

系统还需要具备高效的网络通信和同步机制，确保多个用户之间的操作和状态能够实时同步，从而实现共享的虚拟体验。此外，安全性和稳定性也是分布式虚拟现实系统设计中需要考虑的重要因素，以保障用户数据和系统运行的安全性和可靠性。分布式虚拟现实系统的应用领域非常广泛。在娱乐和游戏领域，它可以为多个玩家提供共享的虚拟游戏环境，让他们可以在同一虚拟世界中进行互动和竞技，增强游戏的社交性和乐趣。在教育和培训领域，分布式虚拟现实系统可以为学生和专业人士提供共享的虚拟实验室或培训场景，让他们可以在同一环境中进行实践操作和协同学习，提高学习效果和交互体验。此外，分布式虚拟现实系统还可以在远程工作和协作领域发挥重要作用，为远程团队提供共享的虚拟工作空间，促进远程协作和沟通。

分布式虚拟现实系统将虚拟现实技术与网络技术相结合，为多个用户提供共享的虚拟体验，拓展了虚拟现实技术的应用领域，促进了用户之间的协同工作和互动体验。随着技术的不断进步和发展，分布式虚拟现实系统将会在更多领域展现出其巨大的潜力和价值。

第二节　虚拟现实技术发展历程

一、1968 年：虚拟现实的萌芽

虚拟现实技术的起源可以追溯到 1968 年，当时计算机科学家 Ivan Sutherland 和他的学生 Bob Sproull 开发了世界上第一台头戴式显示器，被称为"达摩克利斯之剑"（The Sword of Damocles）。这一设备尽管体积庞大、结构简陋，但它的问世标志着虚拟现实技术的萌芽，为后来的发展奠定了基础。Sutherland 的设计意图是创造一个能够通过计算机生成图像并与之交互的系统，从而为用户提供一种沉浸式的体验。尽管设备本身的功能相当有限，仅能展示简单的线条图形，但它所体现的核心理念，即通过计算机生成虚拟环境并让用户与之交互，成为虚拟现实技术发展的根基。达摩克利斯之剑虽然无法提供现代意义上的沉浸体验，但它提出了几个关键的虚拟现实概念，包括头戴式显示器（HMD）和用户的空间跟踪能力。设备通过机械臂固定在天花板上，用户戴上设备后，头部的移动会带动显示器中的图像同步变化，这种早期的空间跟踪技术为后来的虚拟现实系统指明了方向。尽管图像质量远不及今天的技术水平，但这种对用户头部运动的实时响应，奠定了虚拟现实技术中沉浸感和互动性的基础。

Sutherland 认为，通过计算机模拟现实世界的物理规则，并将这些规则与用户的动作相结合，计算机可以创造出一种全新的、与现实相似的体验。[1] 这种思考不仅推动了虚拟现实技术的发展，也在一定程度上影响了计算机图形学和人机交互领域的进步。Sutherland 的工作展示了计算机科学在构建虚拟环境方面的巨大潜力，并激发了后来者继续探索这一领域的热情。尽管达摩克利斯之剑并未得到广泛应用，但它的诞生引发了关于虚拟现实技术未来可能性的广泛讨论。这一设备展示了通过技术手段模拟现实世界的可行性，并促使学术界和工业界开始考虑如何进一步发展这一新兴领域。Sutherland 的研究成果被视为虚拟现实技术的开端，激励了众多研究者和工程师在虚拟环境构建、交互设计、计算机图形学等领域进行进一步探索。虽然当时的硬件技术限制了虚拟现实的实际应用，但这一探索的精神为后来虚拟现实技术的飞跃式发展埋下了种子。

---

[1] 吴学毅. 计算机图形学原理与实践［M］. 北京：印刷工业出版社，2008

二、1985 年：虚拟现实概念的提出

1985 年是虚拟现实技术发展史上的一个重要节点，这一年，Jaron Lanier 创办了 VPL Research 公司，并首次提出了"虚拟现实"（virtual reality，VR）这一术语。Lanier 的贡献不仅在于命名了这一全新的技术领域，还在于通过 VPL Research 推动了虚拟现实技术的早期发展。VPL Research 成为首批专注于虚拟现实系统研究与开发的公司之一，所开发的设备和技术理念对虚拟现实的后续发展产生了深远影响。在提出虚拟现实概念的过程中，Lanier 和他的团队开发了几项关键的技术与设备，其中最著名的是 DataGlove 和 EyePhone。DataGlove 是一种数据手套，能够捕捉用户手部的动作，并将这些动作转化为计算机可识别的输入。[①] 这种数据手套为用户提供了与虚拟环境互动的全新方式，使得虚拟现实不再仅仅是视觉上的体验，而是扩展到触觉和动作的交互。EyePhone 则是一款早期的头戴式显示器，能够为用户提供沉浸式的视觉体验。这些设备的开发标志着虚拟现实从理论概念逐渐转向实际应用，并奠定了现代虚拟现实技术的基础。

Lanier 提出"虚拟现实"这一术语，不仅仅是为了描述一种新兴的技术，而是为了捕捉其背后的哲学意义和潜在影响。他认为，虚拟现实不仅是一种技术工具，更是一种能够改变人类与计算机、与信息世界互动方式的全新媒介。Lanier 的理念深刻影响了虚拟现实领域的研究方向，使得这一技术的发展不仅着眼于硬件设备的改进，还包括对人机交互、虚拟环境设计以及用户体验等方面的深入探讨。通过 VPL Research 的研究与开发，虚拟现实逐渐从一个科幻概念转变为一个实际可行的技术领域。同时，VPL Research 的工作也标志着虚拟现实技术从学术研究走向商业应用的开始。Lanier 和他的团队不仅专注于技术开发，还探索了虚拟现实在不同领域的应用潜力，包括医学、教育、艺术等。尽管当时的技术水平尚不足以实现大规模的商业化应用，但 VPL Research 的尝试为未来虚拟现实技术的产业化奠定了基础。Lanier 通过创建一个专注于虚拟现实的公司，展示了这一技术领域的商业前景，并激发了更多企业和研究机构加入虚拟现实技术的探索中来。

VPL Research 所开发的技术设备如 DataGlove 和 EyePhone 虽然在功能上仍然相对初级，但它们为后来的虚拟现实设备设立了标准。DataGlove 的出现，开创了通过手部动作与虚拟环境交互的先河，这一理念在后来的虚拟现实控制器中得到了延续和发展。EyePhone 作为早期的头戴式显示器，虽然分辨率和图像质量有限，但其基本设计理念至今仍然影响着虚拟现实头显的设计。VPL Research 通过这些技术创新，奠定了虚拟现实设备发展的基石，并为虚拟现实技术的未来发展指明了方向。

---

① 李建荣，孔素真. 虚拟现实技术在教育中的应用研究［J］. 实验室科学，2014，17（3）：98-100，103.

三、1991 年：虚拟现实进入商业视野

1991 年是虚拟现实技术进入商业视野的重要一年，这一年，Sega 公司发布了 Sega VR 头戴式显示器的原型，尽管这一产品最终因技术和安全问题未能推向市场，但它标志着虚拟现实技术首次真正接近消费市场。[1] 这一事件展示了当时行业内外对虚拟现实技术潜力的高度关注，也表明虚拟现实技术正在从实验室走向更广泛的应用领域。Sega 的尝试虽然未能成功，但为虚拟现实技术的商业化探索奠定了基础，并引发了其他科技公司的兴趣和跟进。同时，Sega VR 的开发和发布反映了当时技术发展的局限性。Sega VR 的主要问题在于硬件技术的不成熟，尤其是在图像质量、延迟和用户体验方面的不足。由于当时的计算能力和显示技术有限，Sega VR 难以提供足够高的分辨率和帧率，这导致了用户在使用过程中容易产生头晕和不适感。此外，Sega 还面临着安全方面的挑战，例如用户在佩戴设备时可能因为视觉和听觉被完全屏蔽而遭遇潜在的危险。这些问题虽然导致了 Sega VR 的项目夭折，但也为后续虚拟现实设备的发展提供了宝贵的教训和改进方向。

1991 年不仅仅是虚拟现实技术开始进入消费市场的探索之年，也是这一技术在专业领域中得到应用的时期。虚拟现实技术在这一年中开始在军事模拟和飞行训练中得到实际应用。军事和航空领域一直是虚拟现实技术的早期采用者，因为这些领域对于高风险操作的安全性和成本控制有着极高的要求。通过虚拟现实技术，军队和飞行员能够在安全的虚拟环境中进行复杂的战术演练和飞行操作，这不仅提高了训练的效果，还大大减少了训练中的风险和成本。此外，虚拟现实技术在军事和飞行训练中的应用也推动了技术的进一步发展。在这些应用场景中，虚拟现实系统需要处理大量的实时数据，并且必须确保高精度和低延迟的性能，以模拟真实的操作环境。这些要求推动了计算机图形学、传感器技术和人机交互等相关领域的进步。通过在这些高要求的应用中不断优化和完善，虚拟现实技术逐渐成熟，为其在其他领域的推广应用奠定了技术基础。

Sega VR 的尝试对虚拟现实技术的发展具有重要的象征意义。尽管产品未能最终投放市场，但 Sega 作为一家全球知名的游戏公司，对虚拟现实的探索激发了其他企业对这一技术的关注。Sega 的投入表明，虚拟现实技术不仅具有学术和工业价值，还具有广泛的商业潜力。这一尝试为随后 20 世纪 90 年代中期至 2000 年年初的虚拟现实热潮奠定了基础，激发了更多企业和研究机构加入虚拟现实技术的开发与应用中。

---

[1] HAWKEN K. The A-Z of Sega Master System Games：Volume 2 [M]. St Andrews：Andrews UK Ltd，2019．

四、1995 年：虚拟现实在游戏领域的首次尝试

1995 年是虚拟现实技术在游戏领域的一个重要转折点，任天堂推出了 Virtual Boy，这是第一款试图进入消费者市场的虚拟现实游戏设备。Virtual Boy（虚拟男孩）的发布标志着虚拟现实技术向大众娱乐市场的首次进军，试图通过创新的游戏体验吸引广大的消费者。尽管这一设备在当时引起了广泛关注，但由于多方面的技术限制和市场反响不佳，Virtual Boy 最终未能取得成功。然而，这次尝试为未来虚拟现实技术的发展和设备的改进提供了宝贵的经验和教训。Virtual Boy 采用了单色红色显示技术，这种技术在当时被视为创新，但实际上却严重影响了用户的视觉体验。长期使用这种设备容易导致视觉疲劳，甚至引发头痛，这对游戏设备来说是一个严重的缺陷。此外，Virtual Boy 的图像质量和沉浸感也未能达到消费者的期望，用户难以在这种有限的视觉效果中获得预期的虚拟现实体验。这表明，虚拟现实设备的成功不仅依赖于概念的创新，还需要技术的成熟，以确保用户能够长时间舒适地使用。

尽管名为"便携式"设备，Virtual Boy 的实际使用体验却远非便捷。其笨重的设计和不符合人体工程学的操作方式，使得玩家在使用时感到不便。这种设计上的缺陷进一步削弱了产品的吸引力，特别是在当时便携式游戏设备日益流行的背景下，Virtual Boy 难以与其他轻便易用的游戏设备竞争。任天堂未能准确把握消费者的需求，这也是 Virtual Boy 未能成功的原因之一。Virtual Boy 所提供的游戏内容也未能充分展示虚拟现实技术的潜力。尽管消费者期待通过 Virtual Boy 体验到与传统游戏截然不同的沉浸式玩法，但由于技术限制和开发时间的不足，Virtual Boy 的游戏库不仅数量有限，而且大多数游戏无法充分利用虚拟现实的特性。这种内容与技术的不匹配，进一步导致了市场对 Virtual Boy 的反应冷淡。玩家期望的是一种前所未有的游戏体验，但实际收到的却是一个图像单调、操作不便的设备，这种落差严重影响了产品的市场表现。

尽管 Virtual Boy 最终未能成功，但它的出现为后来的虚拟现实设备开发者提供了重要的经验教训。Virtual Boy 的案例凸显了技术成熟度对于产品成功的重要性。虚拟现实设备要进入消费者市场，必须在图像质量、用户舒适度和操作便捷性上达到一定的标准，否则即使有创新性的概念，也难以在市场中立足。内容的丰富性和与设备的适配性对虚拟现实设备的成功至关重要。开发者需要确保游戏内容能够充分利用设备的技术特点，从而为用户提供真正独特的体验。这一经验在后来虚拟现实设备的开发中得到了广泛应用，推动了技术和内容的同步发展。

五、2010 年：现代虚拟现实的重新崛起

2010 年是现代虚拟现实技术重新崛起的关键一年，这一年，年仅 18 岁的 Palmer Luckey 开发了 Oculus Rift（一种虚拟现实眼镜）的原型。这款设备的诞生标志着虚拟

现实技术从沉寂中重新走向前台，并引发了新一轮的技术革命。① Oculus Rift 的出现不仅改变了人们对虚拟现实的看法，也重新激发了整个科技行业对这一领域的兴趣。Luckey 的设计理念和技术创新为虚拟现实设备设立了新的标准，使得沉浸感和互动性成为衡量虚拟现实体验的重要指标。随着 Oculus Rift 原型的发布，虚拟现实技术开始引起广泛的关注。Luckey 意识到，仅凭个人的力量难以推动这一技术的普及，因此，他决定通过众筹平台 Kickstarter 来为 Oculus Rift 的进一步开发筹集资金。2012 年，Oculus 在 Kickstarter 上的众筹活动取得了巨大的成功，共筹集到超过 240 万美元，远超预期目标。这一事件标志着现代虚拟现实热潮的正式开始，也表明了市场对虚拟现实技术的巨大潜力充满信心。通过众筹，Oculus 不仅获得了资金支持，还聚集了一大批早期的技术爱好者和开发者，为虚拟现实生态系统的建设奠定了基础。

Oculus Rift 的成功引发了科技巨头对虚拟现实技术的高度关注。Facebook 在 2014 年以 20 亿美元收购 Oculus，进一步推动了虚拟现实技术的发展。这一收购不仅标志着虚拟现实技术进入了主流科技公司的视野，也为 Oculus 提供了强大的资金和资源支持，加速了虚拟现实技术的研发和市场推广。Facebook 的介入使得虚拟现实从一个小众的技术探索领域，迅速成为科技行业的热点，吸引了越来越多的企业和开发者投身其中。此时，虚拟现实技术的发展不仅限于硬件设备的提升，还包括内容制作、平台建设和用户体验的全方位优化。游戏行业首当其冲，成为虚拟现实技术的主要应用场景之一。随着虚拟现实技术的逐渐成熟，越来越多的游戏开发者开始为 Oculus Rift 和其他虚拟现实设备开发专门的游戏和应用。虚拟现实游戏以其独特的沉浸感和互动性迅速赢得了市场的青睐，吸引了大量玩家和投资者。此外，虚拟现实技术还开始在教育、医疗、建筑和娱乐等领域展现出广泛的应用潜力，为这些行业带来了全新的体验和商业模式。通过虚拟现实，用户可以在一个完全沉浸的环境中进行学习、治疗、设计和娱乐，彻底改变了传统的操作和体验方式。

Oculus Rift 的成功也为其他虚拟现实设备的开发和推广提供了参考和借鉴。在 Oculus Rift 之后，许多科技公司纷纷推出了自己的虚拟现实设备，如 HTC Vive、索尼的 PlayStation VR 和三星的 Gear VR 等。这些设备不仅进一步推动了虚拟现实市场的扩展，还加速了虚拟现实技术的普及。随着技术的不断进步，虚拟现实设备在分辨率、帧率、响应速度和用户舒适度等方面取得了显著的提升，使得虚拟现实体验越来越接近现实，用户的接受度和满意度也不断提高。

六、2014 年：虚拟现实产业化的加速

2014 年是虚拟现实技术迈向大规模产业化的重要一年，这一年，Facebook 以 20

---

① PRAKASH A, OUD J, MEDVED J, et al. P-CB-5 | CMV coinfection enhances RBC alloimmunization via a novel, type I lnterferon-lndependent mechanism [J]. Transfusion, 2023, 63 (5): 149.

亿美元的高价收购了 Oculus。这一收购不仅标志着虚拟现实技术从初创公司阶段进入了大企业的视野，也宣告了虚拟现实产业化进程的正式启动。Facebook 的介入为 Oculus 提供了强大的资金和技术支持，使得虚拟现实技术的研发和推广进入了一个全新的阶段。通过这次收购，虚拟现实不再只是一个小众市场的技术尝试，而成为具有广泛应用前景的科技热点。随着 Facebook 对 Oculus 的收购，虚拟现实技术迅速引起了其他科技巨头的关注。索尼、HTC 和三星等公司紧随其后，分别推出了自己的虚拟现实设备。索尼的 PlayStation VR、HTC 的 Vive 以及三星的 Gear VR 相继面世，标志着虚拟现实设备开始大规模进入消费者市场。这些设备各自具有不同的特点和市场定位，但共同推动了虚拟现实技术的普及和应用。PlayStation VR 凭借索尼在游戏主机市场的优势，迅速赢得了大量玩家的青睐，成为虚拟现实游戏领域的重要力量。HTC Vive 则以其高端的性能和精确的空间定位技术，在硬核玩家和专业应用市场中占据了一席之地。三星的 Gear VR 则通过与智能手机的结合，成功地将虚拟现实技术带入了更广泛的消费群体。

2014 年的虚拟现实产业化加速不仅体现在硬件设备的推广上，还表现在虚拟现实内容和生态系统的快速发展。随着虚拟现实设备的普及，内容开发者开始积极探索虚拟现实技术在游戏、电影、教育、医疗等领域的应用。虚拟现实游戏成为第一个大规模商业化的应用领域，开发者们纷纷为虚拟现实设备推出专门的游戏作品，丰富了用户的选择，提升了虚拟现实的用户体验。与此同时，虚拟现实电影也开始崭露头角，导演们尝试利用虚拟现实技术为观众提供沉浸式的观影体验，这种全新的叙事方式为电影产业带来了新的可能性。教育领域的虚拟现实应用让学生能够在虚拟环境中进行实验、参观历史遗址或模拟各种职业场景，极大地增强了学习的趣味性和实用性。医疗领域的虚拟现实应用则为医生提供了虚拟手术训练平台，帮助他们在安全的环境中进行复杂手术的模拟操作，提高了医疗技能和手术成功率。建筑和房地产行业也开始利用虚拟现实技术进行虚拟样板房展示，让客户在购买前就能"亲身"体验房屋的内部布局和设计。这些应用的逐步推广，不仅展示了虚拟现实技术的多样性和实用性，还为虚拟现实产业的进一步发展奠定了基础。

为了满足虚拟现实设备对高分辨率、低延迟和强大计算能力的需求，显示技术、传感器技术、图形处理技术以及人机交互技术都在这段时间内得到了快速发展。新一代的有机发光二级管 OLED 显示屏、精密的空间定位系统和更加舒适的佩戴设计，使得虚拟现实设备的用户体验得到了显著提升。这些技术的进步不仅提高了虚拟现实设备的性能，还降低了生产成本，使得虚拟现实设备能够更快地走进寻常百姓家。

七、2016 年：消费级虚拟现实设备的普及

2016 年是虚拟现实技术发展的关键一年，这一年被许多人称为"虚拟现实元年"。在这一年里，Oculus Rift、HTC Vive 和 PlayStation VR 等消费级虚拟现实设备正式发

布，并进入了消费者市场。这些设备的推出标志着虚拟现实技术从长期的原型开发阶段，终于迈入了大规模实际应用的领域。2016年的市场反应证明了虚拟现实技术的成熟度和广泛的应用潜力，也揭示了消费者对这种全新沉浸式体验的强烈兴趣。随着Oculus Rift的发布，虚拟现实技术第一次真正走进了大众的日常生活。作为首批消费级虚拟现实设备之一，Oculus Rift在设计和性能上都达到了当时的行业顶尖水平。Oculus Rift不仅为用户提供了高分辨率和低延迟的显示效果，还通过先进的头部追踪技术实现了高度的沉浸感。这一设备的发布，不仅让虚拟现实游戏变得更加生动和真实，也激发了人们对虚拟现实在其他领域应用的广泛兴趣。

HTC Vive则通过更高端的定位技术和互动方式，进一步提升了虚拟现实体验的沉浸感。HTC Vive的房间级别定位系统使得用户可以在虚拟现实中自由移动，而不仅仅是坐在一个位置上观看和体验。用户可以在虚拟世界中行走、探索和互动，这种全方位的沉浸式体验，为虚拟现实技术的应用打开了新的可能性。HTC Vive不仅在游戏中展现出强大的能力，也开始被用于教育、医疗和培训等领域，帮助人们在安全、虚拟的环境中进行学习和练习。与此同时，索尼的PlayStation VR成功地将虚拟现实技术带入了家庭娱乐市场。借助PlayStation 4平台，PlayStation VR以其较低的价格和便捷的使用方式，迅速赢得了广大游戏玩家的青睐。相比于其他虚拟现实设备，PlayStation VR更易于操作，并且拥有丰富的游戏内容，这使得它在短时间内取得了巨大的市场成功。PlayStation VR的普及不仅扩大了虚拟现实技术的受众群体，也证明了虚拟现实技术在家庭娱乐领域的巨大潜力。

2016年消费级虚拟现实设备的普及还推动了虚拟现实内容的爆发式增长。随着这些设备的上市，大量的开发者开始为虚拟现实平台开发专门的内容和应用。从沉浸式游戏到虚拟现实电影，从虚拟旅游到模拟教育，虚拟现实技术的应用领域变得越来越广泛。这些内容的丰富性不仅提升了虚拟现实设备的吸引力，也加速了虚拟现实生态系统的建设。开发者、内容创作者和硬件厂商的紧密合作，使得虚拟现实技术从单一的设备销售，逐渐发展成为一个庞大的产业链。不仅如此，2016年虚拟现实设备的普及也促使相关技术迅速进步。为了提供更好的用户体验，显示技术、传感器技术和人机交互技术都在这一年得到了显著提升。例如，虚拟现实头显的分辨率和刷新率不断提高，设备的舒适性和易用性也得到了显著改善。这些技术的进步不仅使虚拟现实体验更加流畅和逼真，也为未来更大规模的普及打下了基础。

八、2020年：虚拟现实技术的多元化应用

2020年，虚拟现实技术的应用达到了一个新的高度，不再局限于娱乐领域，而是广泛渗透到教育、医疗、建筑等多个行业。这一年，虚拟现实技术展现了其强大的适应性和多功能性，为各行各业提供了全新的解决方案。在教育领域，虚拟现实为学生提供了身临其境的学习体验，从虚拟实验室到虚拟历史场景再现，学生可以在虚拟现实中进行深度学习，提升了学习效果和兴趣。虚拟现实技术帮助教育打破了时间和空

间的限制，使得远程教育和个性化学习成为可能。2020年，虚拟现实被用于手术模拟、患者康复、心理治疗等多个方面，极大地提升了医疗服务的质量和效率。医生可以通过虚拟现实进行复杂手术的模拟训练，提高手术的成功率和安全性。对于患者，虚拟现实提供了一种非侵入性的治疗手段，特别是在心理治疗中，通过虚拟现实场景的构建，患者可以在安全的环境中面对恐惧、焦虑等问题，从而达到治疗效果。虚拟现实技术的引入，使得医疗过程更加个性化和精准化，带来了显著的社会效益。

2020年，越来越多的建筑师和设计师开始利用虚拟现实进行建筑设计、空间规划和项目展示。通过虚拟现实，设计师可以在项目开始之前创建虚拟模型，进行空间布局和设计的预览，并与客户进行互动调整。这种方式不仅提高了设计效率，还大大减少了实际施工中的错误和返工成本。客户也可以通过虚拟现实"走进"设计作品，直观地感受空间的大小、光线的效果和材质的质感，从而做出更明智的决策。虚拟现实在建筑领域的应用，不仅提升了设计质量，还改变了整个行业的工作流程。2020年，虚拟现实技术的多元化应用还得益于与增强现实（AR）、混合现实（MR）和人工智能（AI）技术的融合。这些技术的结合使得虚拟现实应用的场景更加丰富，功能更加强大。增强现实技术通过将虚拟元素叠加在现实世界中，提供了比纯粹虚拟现实更为直观和自然的用户体验。例如，在教育和培训中，增强现实可以实时展示操作步骤和指导，使学习过程更加高效。混合现实则将虚拟现实与现实世界无缝融合，用户可以同时操作虚拟对象和真实物品，这在制造、维修和远程协作中得到了广泛应用。

人工智能技术的引入，为虚拟现实应用注入了更多的智能化元素。通过AI，虚拟现实系统能够实时分析用户行为，调整虚拟环境的响应，使互动更加自然和智能。例如，在虚拟培训中，AI可以根据学员的表现实时调整训练难度，提供个性化的反馈和指导。在娱乐领域，AI驱动的虚拟角色能够与玩家进行复杂的互动，提升游戏的沉浸感和趣味性。虚拟现实与AI的结合，使得虚拟现实技术不仅限于被动展示和交互，而是成为一种具有高度智能化的体验方式。

第三节 虚拟现实技术在教育领域的研究现状

一、软硬件技术欠缺，阻碍虚拟现实技术在教学领域的应用

（一）硬件设备费用与技术不足

虚拟现实技术硬件设备相对昂贵，尤其是在教育经费有限的情况下，多数学校难以进行大规模的硬件投入。这直接导致了虚拟现实技术在教育领域的普及程度较低。此外，现有硬件设备在技术上也存在诸多不足，例如设备的双眼分辨率不高、影像容易像素化，以及传感技术的感知能力缺乏等问题。这些技术问题不仅影响了虚拟现实

体验的质量，也阻碍了其在教学中的推广和应用。

（二）感官体验的局限性

虚拟现实技术的理想应用应能够满足人的多种感官需求，但目前该技术的应用主要集中在视觉和听觉领域，其他感官如触觉、嗅觉、味觉等方面的开发仍然有限。这种感官体验的局限性使得虚拟现实技术在教学中的应用场景受到一定限制，无法全面提升学生的沉浸感和参与度，影响了教学效果的最大化发挥。

（三）资源构建的困难与大数据的不足

虚拟现实技术的有效构建依赖于大量的音频、图像等资源，以支持虚拟场景的建立。然而，传统资源的获取往往依赖于日常的积累，容易出现资源短缺或不足的情况。尽管大数据的引入为立体影像的重构提供了便利，能够将教学需要的数据进行可视化，发挥积极作用，但目前大数据在教育领域的应用仍然受到共享不完全的限制，极大限制了其在虚拟现实技术中的潜力。

（四）网络传输的挑战

虚拟现实技术能够突破地域空间的限制，打造一个虚拟场景供师生协同使用。然而，这一技术的顺利运行高度依赖于网络的实时数据传输。网络状况的稳定性与速度是决定虚拟场景使用效果的关键因素。[①] 如何实现数据的高效、准确传输，以及服务器的稳定运行，成为虚拟现实技术在教学领域推广应用需要攻克的重大难题。

（五）技术整合与优化的需求

虚拟现实技术的应用不仅需要单一技术的突破，更需要软硬件技术的整合与优化。目前，虚拟现实技术在教育领域的应用面临着多重技术壁垒，包括硬件设备的性能提升、感官体验的拓展、资源构建的丰富与大数据的优化使用。只有通过多方技术的综合优化，才能更好地推动虚拟现实技术在教育领域的深入应用，实现其在教学效果提升中的潜力。

二、开发人员缺乏，限制虚拟现实技术在教学领域的应用

（一）缺乏跨学科综合性的专业团队

虚拟现实技术系统的开发需要教学相关人员、环境建模人员和程序开发人员的密切合作，以确保系统能够满足教学需求。然而，现实中往往缺乏能够跨越这些领域的

---

① 腊国庆. 虚拟现实技术在教育中的应用研究 [J]. 宿州教育学院学报，2015，18（3）：93-94.

综合性专业团队，通常由单一的程序开发人员主导项目开发。这种情况下，开发出的系统可能会在专业性上有所不足，无法充分考虑到教学内容的深度和复杂性，从而限制了其在教学中的应用效果。

（二）内容专业性不足导致功能受限

由于开发人员的专业背景主要集中在技术层面，缺乏对教学内容的深入理解，虚拟现实系统中的教学内容往往显得浅显，难以满足实际教学需求。这种专业性不足导致系统在教学中的应用功能受限，无法充分发挥虚拟现实技术在提升教学质量和学生学习体验中的潜力，进而影响其在教育领域的广泛应用。

（三）教师自主研发的局限性

部分学校为了克服开发人员不足的问题，尝试让教师自主研发虚拟现实教学系统。然而，由于教师的技术开发经验有限，自主研发过程往往周期较长，且成果仅能应用于少数特定学科，难以推广到整个教学体系中。这个问题使得虚拟现实技术在教育领域的应用范围受到限制，难以全面提升教学效果。

（四）开发与教学之间的沟通不足

虚拟现实技术的开发需要技术开发人员与学生专业教师之间的紧密合作与沟通，确保开发出的系统能够满足实际教学需求。然而，在实际操作中，开发团队与教师之间的沟通往往不足，导致开发出的系统难以精准对接教学目标和学生需求。这种沟通不畅限制了虚拟现实技术在教学中的深度应用，阻碍了其潜在优势的发挥。

（五）对各学科需求的适应性不足

虚拟现实技术的应用需要根据不同学科的特点进行专门设计，而开发人员的缺乏导致系统在各学科中的适应性不足，难以满足多学科的教学需求。即便是开发成功的虚拟现实系统，往往只能应用于特定的学科或教学场景，难以实现大规模推广。这种适应性不足进一步限制了虚拟现实技术在教育领域的广泛应用和发展。

三、学生体验差异，妨碍虚拟现实技术在教学领域的应用

（一）实物感不足与互动性缺乏

虚拟现实技术虽然能够提供沉浸式体验，但在实际使用中，学生常常感到实物感不足。例如，走步机虽然能够实现360°的移动，但在模拟上坡、下坡等情境时，学生却难以感受到真实的移动感。这种实物感的缺失使得学生难以完全沉浸在虚拟环境中，从而削弱了虚拟现实技术在教学中的应用效果。此外，互动性也是一个重要问题，

虚拟现实系统往往不能够提供足够的互动体验，导致学生的参与感和投入度下降，进而影响了教学效果。

（二）身体不适与厌倦情绪的产生

在虚拟现实技术的应用过程中，部分学生可能会因为技术问题而产生身体不适，如头晕、眼睛疲劳等。尤其是使用一些显示器时，学生可能会因为视觉刺激过强或不适应的频率而感到晕眩。这种身体不适感不仅影响了学生的体验质量，还可能导致他们对虚拟现实技术产生厌倦情绪，进一步削弱了该技术在教学中的应用效果，阻碍了其在教育领域的推广。

（三）学习兴趣与群体体验的差异

虚拟现实技术具有较强的趣味性，能够激发学生的学习兴趣，尤其对低年龄段的学生更具吸引力。然而，对于高年龄段的学生而言，由于学习负担较重、应试压力较大，他们可能会对这种新兴技术产生排斥心理，认为其影响了学习效率。因此，不同年龄段学生对虚拟现实技术的接受度存在明显差异，这种差异性妨碍了该技术在不同教学阶段的全面应用，导致其在教育中的使用效果参差不齐。

（四）虚拟现实技术作为辅助手段的局限性

目前，虚拟现实技术在教学中的应用多为辅助手段，无法实现综合性的全面使用。这种应用模式限制了虚拟现实技术的作用，难以充分发挥其在提升教学效果和学生学习体验中的潜力。由于虚拟现实技术仅作为辅助手段，学生在实际教学中获得的体验往往较为零碎，难以形成系统的学习感受，从而降低了该技术的实际应用效果。

（五）技术与教育需求的脱节

虚拟现实技术的开发和应用常常未能完全对接教育需求，导致学生在使用过程中体验感较差。不同学生对虚拟现实技术的需求和期望各异，但现有的技术解决方案往往不能灵活适应这些差异，导致部分学生在使用过程中感到不适应或无法获得预期的学习效果。这种技术与教育需求的脱节，进一步妨碍了虚拟现实技术在教学中的广泛应用，限制了其在教育领域的潜在优势的发挥。

四、教师能力受限，制约虚拟现实技术在教学领域的应用

（一）角色转变的适应困难

虚拟现实技术推动了教师从传统知识传授者向教育教学引导者的角色转变。然而，部分教师在面对这种角色转变时难以适应，容易产生排斥心理。传统课堂以教师

为中心，教师习惯于掌控课堂节奏和内容，而虚拟现实技术要求教师更多地引导学生自主学习，这种转变对于缺乏创新意识和灵活应对能力的教师来说，成为一大挑战，从而限制了虚拟现实技术的应用推广。

（二）创新精神与实践能力的不足

在虚拟现实技术的应用中，教师不仅需要具备足够的创新精神，还需要较强的实践能力。新型教学模式下，教师需要投入更多的时间和精力准备教学资料，并设计丰富的虚拟场景，以支持虚拟现实技术的教学应用。然而，部分教师由于专业水平不足，难以在教学设计中充分利用虚拟现实技术，无法创造出能够有效提升教学效果的虚拟场景，这直接影响了虚拟现实技术在教学中的实际应用效果。

（三）教学设计与虚拟技术的脱节

虚拟现实技术要求教师在教学设计环节中充分考虑虚拟技术的特点，并将其与教学内容有机结合。然而，部分教师由于缺乏专业技术背景，难以将虚拟现实技术与教学建立起有效的联系。他们在设计教学方案时，往往无法充分发挥虚拟现实技术的优势，导致虚拟场景与教学目标脱节，最终影响了教学效果，制约了虚拟现实技术在教学中的应用潜力。

（四）操作技能的缺乏

作为虚拟场景的第一操作人，教师需要熟练掌握虚拟现实技术的操作技能。然而，许多教师对新技术的掌握能力有限，无法熟练操作虚拟现实系统。这种技术上的欠缺直接影响了虚拟现实技术在课堂上的应用效果，教师在操作中出现的失误或不熟练将导致教学进度的滞后或教学内容的无法顺利展开，削弱了虚拟现实技术在教学中的有效性。

（五）专业发展与培训的不足

虚拟现实技术的有效应用依赖于教师的持续专业发展和技术培训。然而，目前很多教育系统并未为教师提供足够的培训机会，使得教师在面对新技术时感到力不从心。教师无法通过系统的学习和培训提升自己的技术能力和教学设计水平，导致他们在教学中无法充分利用虚拟现实技术，进而制约了该技术在教育领域的广泛应用和推广。

第二章 虚拟现实技术原理

第一节 虚拟现实技术基础

一、构建方式

(一) 几何式虚拟现实

几何式虚拟现实,又被称为对象式虚拟现实,是一种虚拟现实技术,其特点是虚拟场景中的所有对象都是通过 3D 建模软件构建的三维模型,例如 3D Studio、Tree Space、AutoCAD、Super scape 等。使用者可以从任意视角和路径来观看这些对象,并且可以针对不同对象赋予不同的特性,结合特定装置实现不同层次的互动效果。在几何式虚拟现实系统中,3D 建模软件被用来创建虚拟环境中的各种物体和场景。这些物体和场景可以是现实世界中的仿真物体,也可以是完全虚构的想象物体。[1] 通过使用这些软件,用户可以创建具有丰富细节和逼真外观的虚拟对象,从而构建出一个逼真的虚拟世界。使用者可以通过特定的装置,例如头戴式显示器、手持设备或者触摸屏,来与这些虚拟对象进行交互。他们可以从不同的角度观察和探索虚拟环境,也可以对其中的对象进行操作和修改。例如,用户可以通过手势或控制器来移动、旋转或变换虚拟对象的属性,也可以与虚拟环境中的其他用户进行实时交流和合作。

几何式虚拟现实系统的特点在于其注重对虚拟环境中的对象进行建模和设计,以及对对象之间关系的定义和控制。通过对虚拟对象的精细设计和调整,可以创建出一个逼真、生动的虚拟世界,使用户能够获得沉浸式的体验和交互效果。这种虚拟现实系统在各个领域都有着广泛的应用。在游戏和娱乐领域,几何式虚拟现实系统可以为玩家提供高度逼真的游戏体验,使他们能够在虚拟世界中自由探索和互动。在设计和建筑领域,它可以用来进行虚拟建模和设计,帮助设计师和工程师实现创意的表达和验证。它可以用来创建虚拟实验室和培训场景,为学生提供实践操作和技能培训的机会。几何式虚拟现实系统通过使用 3D 建模软件构建虚拟环境中的物体和场景,为用

---

[1] 赵云鹏. 虚拟现实技术在教育教学中的应用与研究 [J]. 计算机光盘软件与应用, 2013, 16 (7): 166-167.

户提供了一个逼真、生动的虚拟世界，具有广泛的应用前景和发展潜力。几何式虚拟现实系统将会在各个领域发挥更加重要的作用，并为人们带来更加丰富和多样化的虚拟体验。

（二）影像式虚拟现实

在虚拟现实技术的发展过程中，几何式虚拟现实确实面临着一些挑战，其中包括显像速度慢和画面真实度较低的问题。这些问题主要源自于虚拟世界中复杂几何结构和大量的数据处理需求，导致在实时渲染和传输过程中出现性能瓶颈。为了解决这些问题，Apple 公司采用了影像处理技术，设计出了 Quick Time VR 系统，成为影像式虚拟现实的先驱。Quick Time VR 系统是一种以图像为基础的虚拟现实技术，它的核心思想是通过对静态图像进行处理和组合，来模拟出虚拟环境中的三维场景。

Quick Time VR 系统将虚拟现实的重点放在了对静态图像的处理上，而不是对复杂的几何结构进行建模和渲染。这种基于影像的处理方式解决了系统的显像速度问题，同时也减少了对计算资源和网络传输速度的需求，提高了系统的实时性和稳定性。Quick Time VR 系统通过对图像进行多角度拍摄和处理，实现了用户在虚拟环境中的自由观察和导航。用户可以通过拖动鼠标或触摸屏幕来改变观察角度，并且可以在不同视角之间平滑过渡，获得更加流畅和自然的体验。Quick Time VR 系统还利用了影像处理技术来增强图像的真实感和沉浸感。通过对图像进行色彩校正、光照处理和纹理增强等操作，系统可以模拟出逼真的虚拟场景，使用户感觉仿佛置身于实际环境之中。

1. 360°全景环视

360°全景环视技术可以通过全方位的视角展示场景，使用户能够沉浸式地体验环境的每一个细节。这种技术广泛应用于虚拟现实、建筑设计、旅游导览等领域，能够真实地还原空间布局，提升用户的参与感和视觉体验。360°全景环视不仅突破了传统平面图像的局限，还为用户提供了更多的互动机会，使其能够自主探索和感受场景的各个角落，从而极大地增强了信息传达的效果和场景的真实性。360°全景环视技术作为一种革新性的视觉呈现方式，已逐渐融入多个领域。这项技术能够提供全方位的视角，使用户如同置身于实际场景中一般，通过简单的鼠标或手势操作，就可以自由选择观看角度。这种沉浸式的体验不仅大大增强了用户的参与感，还打破了传统平面视图的局限，让场景的每个细节都可以被一览无遗。这种视觉体验的革新，为用户提供了前所未有的空间感知能力，尤其在虚拟现实领域，360°全景环视技术的应用更是如虎添翼。

随着技术的不断发展，360°全景环视逐渐成为建筑设计和室内装潢中的重要工具。建筑师和设计师们利用这项技术，可以在设计阶段为客户呈现出未来空间的完整视图。这不仅提升了沟通效率，还能够帮助客户更好地理解设计意图，并及时反馈修改意见。对于设计师而言，360°全景环视技术使得他们能够更为直观地展示空间布局、材质选择以及光线效果等细节，有助于减少项目实施中的误差和返工。这一技术的应用，极大地提升了建筑和设计领域的专业化水平。在旅游导览领域，360°全景环视技术同样展现了其强大的优势。通过这种技术，用户可以在家中就能"漫游"世界各地的名胜古迹和自然风光，全面了解目的地的景点布局、历史背景和文化氛围。这种沉浸式的导览方式不仅激发了人们的旅游兴趣，还帮助他们在实际出行前做好充分的准备工作。旅游公司和景区管理方也因此受益，通过360°全景环视技术，他们能够更好地推广旅游资源，吸引潜在游客，同时提高客户的满意度和忠诚度。

教育领域也开始引入360°全景环视技术，利用它来创建更加生动和直观的教学内容。例如，在历史课程中，学生可以通过这项技术"参观"古代遗址，亲身感受历史的厚重感和文化的丰富性。在地理课程中，学生能够"走进"地球的各个角落，深入了解不同地区的自然环境和人文景观。这种教学方式不仅提升了学生的学习兴趣，还帮助他们更好地掌握知识点，培养了他们的空间思维和探究能力。教育领域对360°全景环视技术的应用，正在逐步改变传统的教学模式，使学习变得更加有趣和富有成效。

许多企业开始利用这项技术来展示产品、服务和场地，例如房地产公司通过360°全景图展示房屋内外的细节，帮助客户做出更为明智的购买决策。同样，汽车制造商也通过这项技术展示车辆的内部布局和细节功能，让客户可以在虚拟环境中"试驾"新款车型。这种技术不仅提升了用户的购物体验，还为企业带来了更多的商机和市场竞争力。360°全景环视技术通过其独特的全方位展示能力，为现代商业注入了新的活力和可能性。

2. 360°物体环视

360°物体环视技术作为一种创新的可视化手段，正在各行各业中展现其独特的价值。这项技术能够让用户从不同角度全面观察物体，通过旋转、放大、缩小等操作，细致入微地察看物体的每一个细节。这种全方位的观察方式不仅提升了用户的互动体验，也极大增强了物体展示的效果。传统的静态图片或视频只能展示物体的部分特征，而360°物体环视技术打破了这种局限，使用户能够更加直观地了解物体的结构、材质和功能。电商平台通过这项技术，可以为用户提供更为生动的产品展示体验。消费者在购买前，可以利用360°物体环视功能，从各个角度仔细查看商品的外观和细节，这大大增强了他们的购买信心。对于商家而言，这种展示方式不仅能够有效减少退货率，还能够提高顾客的满意度和忠诚度。这项技术使得网上购物不再只是单向的浏览，而是变成了一种互动性更强的体验式购物，有助于推动电子商务的持续发展。

在工业设计和产品开发过程中，360°物体环视技术也扮演着越来越重要的角色。设计师和工程师可以利用这项技术，在产品设计的早期阶段就能全面检查和评估设计方案的可行性。通过360°物体环视技术，团队成员能够更好地理解产品的三维结构，从而进行更为精准的修改和优化。这种技术的应用，不仅缩短了产品开发周期，还显著提高了产品的设计质量和市场竞争力。同时，企业还可以利用360°物体环视技术向客户展示新产品的设计理念和特点，增强产品的市场吸引力。此外，360°物体环视技术在博物馆和文化遗产保护中的应用也引起了广泛关注。通过这项技术，博物馆能够为全球观众提供在线展览，让他们即使无法亲临现场，也能通过360°物体环视详细观赏展品的每一个角度。这不仅有助于提高文化传播的广度和深度，还为文物保护提供了新的方法。数字化的360°物体环视技术使得文物得以在虚拟世界中永久保存和展示，减少了实际展览对文物造成的损耗风险，同时也为文化遗产的保护和传承提供了更多的可能性。

在科学实验、医学培训和工程教育等领域，这项技术可以帮助学生和学员更好地理解复杂的物体和结构。例如，医学学生可以通过360°物体环视技术详细观察人体器官的结构，提高他们的解剖学知识；工程学生可以通过该技术学习和分析机械部件的设计与功能，增强他们的实践能力。通过将理论与虚拟现实相结合，360°物体环视技术为教育和培训带来了更为直观和有效的学习工具，促进了教学质量的提升。

二、工作原理

（一）虚拟现实系统所用的主要硬件

1. 计算机

计算机是一种强大的工具，它的形态各异，可以是一台超级计算机、网络系统或工作站，但它们都共同具备着处理数据和执行程序的能力，从而在各个领域发挥着重要作用。

超级计算机是计算机领域中性能最强大的一类。它们拥有大量的处理器核心和大规模的内存，能够以极高的速度执行复杂的计算任务。超级计算机通常被用于科学研究、气象预测、核能模拟等需要大规模数据处理和计算的领域。例如，在气象学中，超级计算机可以模拟地球的气候系统，帮助科学家预测自然灾害的发生，并提前采取相应的预防措施。计算机网络系统是一种集群计算系统，由多台计算机连接在一起，通过网络协同工作。这些计算机可以是普通的个人电脑或服务器，通过网络通信，共同完成复杂的任务。计算机网络系统在分布式计算、大数据分析等领域发挥着巨大的作用。例如，在生物信息学中，计算机网络系统可以将大量的基因组数据分发给各个节点进行并行处理，加速基因测序和分析的过程，从而为医学研究和生物技术领域提供重要支持。工作站是一种功能强大的个人计算机，通常用于专业领域的科学计算、工程设计、艺术创作等。工作站具有比普通个人电脑更高的性能和更大的内存容量，能够满足专业用户对计算资源的需求。例如，在影视制作领域，工作站可以用于视频编辑、特效处理等高性能计算任务，帮助制作团队快速高效地完成电影或电视剧的制作工作。

无论是超级计算机、计算机网络系统还是工作站，它们都是计算机技术在不同领域中的体现，都具有处理数据和执行程序的能力，为人类的科学研究、工程设计和生活提供了重要支持。计算机的形态和应用将会越来越多样化，为人类创造出更多的可能性。

2. 显示设备

显示设备在现代科技中扮演着至关重要的角色，它们不仅仅是传递信息和展示内容的工具，还可以提供沉浸式的体验，让用户身临其境地感受到虚拟世界的奇妙之处。其中，头盔显示器、风镜型显示屏和全景大屏幕显示屏等，都代表着不同类型的显示设备，各具特色。

头盔显示器是一种可以戴在头部的设备，通常包括眼罩和耳机，用于提供沉浸式的虚拟现实体验。通过头盔显示器，用户可以进入虚拟世界，与虚拟环境进行交互，感受到身临其境的体验。这种设备广泛应用于虚拟游戏、模拟训练、医疗诊断等领域，为用户带来全新的视听感受和体验。双简全方位监视器是一种多屏显示系统，由两个或多个显示屏组成，可以提供更广阔的视野和更丰富的信息展示。这种显示设备常见于监控中心、交易所、工程设计等领域，可以同时显示多路视频信号或多个应用程序，提高工作效率和信息处理能力。风镜型显示屏是一种小巧轻便的显示设备，类似于眼镜，可以戴在眼睛前方，用于个人娱乐、移动办公等场景。尽管它只有0.7英寸大小，但由于采用了先进的液晶显示技术，用户所看到的画面尺寸却相当于50英寸的显示屏，极大地提升了用户的视觉体验。这种设备适用于移动娱乐、虚拟导航等场景，为用户带来便捷和舒适的体验。全景大屏幕显示屏是一种大型投影系统，可以在立方体内投影出真实逼真的虚拟环境，让多个用户同时投入其中。这种显示设备通常应用于虚拟现实游戏、虚拟会议、演示展示等场景，为用户带来身临其境的沉浸式体验，促进交流和合作。不同类型的显示设备各具特色，可以满足用户在不同场景下的需求，为人们提供丰富多彩的视听体验和沉浸式的虚拟世界。随着科技的不断进步，显示设备的功能和性能将会不断提升，为人类创造出更加美好和丰富的生活体验。

3. 位置跟踪设备及其他交互设备

位置跟踪设备与其他交互设备可以通过精确监测用户的位置和动作，实现与虚拟环境的自然互动。这些设备包括摄像头、传感器、手柄和手套等，它们能够捕捉用户的动作细节，增强沉浸感和交互体验，使虚拟体验更加真实、生动。位置跟踪设备的应用不仅提升了虚拟环境的动态反馈，还为用户提供了更加直观和流畅的操作方式，显著改善了虚拟现实应用的用户体验。

位置跟踪设备是虚拟现实技术中的关键组成部分之一。它们可以通过各种传感器（如陀螺仪、加速度计、激光雷达等）来跟踪用户的头部、手部或其他身体部位的位置和姿态，从而实现用户在虚拟环境中的运动和互动。例如，头戴式显示器配备的位置跟踪器可以准确地追踪用户的头部运动，从而实时调整显示内容，使用户感受到逼真的虚拟世界。交互设备如数据手套、数据衣服等也是实现虚拟现实交互的重要手段。数据手套可以通过传感器和触摸反馈技术，让用户在虚拟环境中通过手部动作进行操作，比如抓取、拖动等。数据衣服则可以通过布置在衣物上的传感器来跟踪用户的身体动作，使用户能够在虚拟环境中体验到更加真实的感觉。

虚拟现实涉及高级的三维计算机图形学技术，需要具备多功能传感器的交互口装置和高清晰度显示装置的支持。传感器可以实时捕捉用户的动作和环境信息，并将其传输给计算机进行处理，从而实现虚拟环境的实时渲染和交互反馈。而高清晰度显示装置则可以提供逼真的视觉体验，使用户感受到仿佛置身于虚拟世界之中。

（二）虚拟现实系统的工作原理

虚拟现实系统的工作原理是通过一系列输入、处理和输出步骤来实现用户在虚拟环境中的沉浸式体验。输入设备如传感器遍布整只手的手套、游戏棒或鼠标等，通过捕捉用户的动作和操作产生电信号，并将这些信号发送到输入接口。在输入接口处，电信号被转换成计算机可以理解的二进制数据，并送入计算机。计算机读取这些二进制数据，并将其解释为用户在虚拟世界中所处位置的坐标值。这些坐标值反映了用户的位置、姿态和动作等信息。然后，这些数据被发送到虚拟现实程序中进行处理。虚拟现实程序利用三维模型数据库来描绘虚拟环境的景色。这些三维模型包括地形、建筑、物体等，在程序中根据用户的位置和动作进行动态渲染。程序会添加适当的灯光、阴影，以增强虚拟环境的真实感和沉浸感。处理完成后，程序将生成的虚拟环境模型发送回输出设备。输出设备可以是耳机、特制的眼镜（头戴式显示器）或计算机监视器。这些设备负责向用户呈现虚拟环境的音响和视频图像。音响部分通过立体声耳机或外部扬声器来回放，为用户提供逼真的环境声音。视频图像则通过特制的眼镜或计算机监视器来展示，让用户能够在视觉上沉浸于虚拟环境之中。

三、建模语言

（一）VRML

虚拟现实建模语言（VRML）是一种用于创建三维交互式虚拟场景的标准文件格式，它允许开发者在互联网上展示复杂的三维模型和环境。通过 VRML，用户可以在浏览器中以低成本、高效率的方式浏览和交互三维场景，体验沉浸式的虚拟现实效果。VRML 广泛应用于教育、娱乐、建筑等领域，其跨平台的特点使得三维内容的分享和展示更加便捷，为虚拟现实技术的发展提供了有力支持。

VRML 的文件结构相对简单，包括文件头、场景图、原型和事件路由等组成部分。文件头通常包含了文档类型声明以及其他元数据信息。场景图描述了虚拟环境中的各种对象，包括几何形状、材质、光照等。原型定义了可重复使用的对象模板，可以简化场景的描述和管理。事件路由则定义了用户与场景之间的交互逻辑，例如用户的鼠标点击或键盘输入会触发场景中的相应动作。利用浏览器对 VRML 进行处理后，可以将场景以声音和图像的形式展现出来。用户可以通过浏览器访问包含了 VRML 描述的网页，从而在浏览器中观看和与虚拟场景进行交互。这种方式使得用户无需安装额外的软件，即可轻松地体验虚拟现实环境，极大地提升了虚拟现实技术的普及度和易用性。VRML 的语法相对简单易懂，使得用户可以快速上手并编写三维动画片、三维游戏以及计算机三维辅助教学课件等应用程序。它为开发者提供了一种直观、直接的方式来描述和展示虚拟场景，无需深入了解复杂的计算机图形学原理或编程技巧。与其他高级语言如 JAVA 等相比，VRML 的功能较为有限，尤其是在与其他语言的链接和扩展方面相对困难。因此，对一些需要更复杂逻辑和功能的应用场景，VRML 可能无法完全满足需求，开发者可能需要借助其他编程语言来实现更高级的功能。虽然 VRML 是一种比较简单的建模语言，但它在轻量化、易用性和网页嵌入等方面具有显著优势，可以满足一些简单的三维应用开发需求。然而，对一些更复杂的应用场景，开发者可能需要考虑其他更为强大和灵活的编程语言和技术。

（二）JAVA 3D

JAVA 3D 是一种用于编写交互式三维图形应用的编程接口，它是 JAVA 2D SDK 的标准扩展，它有许多其他网络编程软件无法比拟的优点。JAVA 3D 封装了流行的 3D 开发工具 OpenCL 和 DirectX，使得开发者可以更加方便地利用这些工具来创建和渲染三维图形。这一特点极大地提高了编写三维图形程序的层次，使得开发者可以更加专注于应用程序的逻辑和功能实现，而无需深入考虑光照、着色、碰撞等极其复杂的图形学问题。JAVA 3D 从高层次为开发者提供了对三维实体进行创建、操纵和着色的接口，使得开发工作变得极为简单。开发者可以直接使用 JAVA 3D 提供的方法来创建和操作三维对象，而无需深入了解底层的图形学原理和技术。

JAVA 3D 可应用于多个领域，包括三维动画、三维游戏、机械 CAD（计算机辅助设计）等。它为开发者提供了丰富的功能和工具，可以满足不同领域的需求。例如，在三维动画领域，开发者可以利用 JAVA 3D 来创建逼真的三维场景和角色动画；在三维游戏领域，开发者可以利用 JAVA 3D 来构建复杂的游戏世界和交互式游戏体验；在机械 CAD 领域，开发者可以利用 JAVA 3D 来模拟机械结构和运动。JAVA 3D 可以用来编写三维形体，但与 VRML 不同，JAVA 3D 并没有基本形体。然而，开发者可以利用 JAVA 3D 提供的 Utility 工具来生成一些基本形体，如立方体、球、圆锥等。此外，开发者还可以直接使用一些其他软件生成的三维模型，如 Alias、Lightware、3DsMAX 等，或者直接使用 VRML 2.0 生成的形体。

（三）OpenGL

OpenGL 是业界最为流行和广泛支持的底层 3D 技术之一，几乎所有的显卡厂商都在底层实现了对 OpenGL 的支持和优化。它是一个开放的三维图形软件包，独立于窗口系统和操作系统，因此基于 OpenGL 开发的应用程序可以方便地在各种平台间移植。

OpenGL 的独立性使得基于它开发的应用程序具有良好的跨平台性。无论是 Windows、Linux 还是 macOS，开发者都可以使用相同的 OpenGL 接口来实现三维图形渲染，而不需要针对不同平台编写不同的代码。这大大简化了应用程序的开发和维护工作。OpenGL 的使用简便且效率高。它提供了一系列的函数和接口，用于建模、变换、颜色模式设置、光照和材质设置、纹理映射等各种图形处理操作。开发者可以通过简单调用这些接口来实现复杂的图形效果，而不需要深入了解底层的图形学原理。尽管 OpenGL 具有诸多优点，但它的接口使用 C 语言实现，并且相对复杂，因此掌握针对 OpenGL 的编程技术需要花费大量的时间和精力。

第二节 三维建模与场景设计原理

一、三维建模的基本原理

（一）数学原理

三维建模是一种通过计算机技术对三维物体进行建立、编辑和渲染的过程。这一过程离不开数学原理的支持，其中包括几何学、线性代数和三角学等学科。这些数学原理为建模过程提供了基本的概念、工具和方法，使得设计者能够准确描述和操作三维空间中的对象形状、结构和属性。

几何学提供了描述对象形状和结构的基本概念。在三维建模中，几何学的概念如点、线、面和体是不可或缺的。点是空间中的一个位置，用于确定对象的位置或属性；线是连接两个点的直线段，在建模中用于描述物体的边缘或轮廓；面是由多个相连的线段围成的平面区域，用于描述物体的表面或平面结构；体是由多个相连的面组成的立体物体，用于描述物体的体积或立体结构。通过这些几何概念，设计者可以精确地描述和构建各种复杂的三维物体。

线性代数在三维建模中扮演着重要的角色，用于描述和操作三维空间中的向量、矩阵等数据结构。向量是具有大小和方向的量，常用于表示空间中的位置、位移或方向；矩阵是一个二维数组，用于表示空间中的变换、旋转或缩放等操作。[1] 在三维建模中，线性代数的运算如向量加法、点乘、叉乘、矩阵变换等被广泛应用于对象的变换、对齐和计算等过程中，为设计者提供了强大的数学工具和方法。

---

[1] 赵云鹏. 虚拟现实技术在教育教学中的应用与研究［J］. 计算机光盘软件与应用，2013，16（7）：166-167.

三角学常用于计算角度、距离等几何属性，在三维建模中也是不可或缺的。三角学的概念如三角函数、三角恒等式、三角比等被广泛应用于计算对象之间的角度、距离或投影等几何属性。例如，在计算对象之间的夹角或旋转时，常用到三角函数；在计算对象之间的距离或投影时，常用到三角比。通过这些三角学的知识，设计者能够准确地计算和处理三维空间中的各种几何属性，从而实现对对象的精确建模和分析。

(二) 计算机图形学基础

三维建模的原理基于计算机图形学的基础，这些基础包括光栅化、矢量图形、着色模型和光照模型等。这些概念和技术为实现在计算机上对三维对象进行建模、渲染和显示提供了重要的理论和方法支持。

光栅化是将连续的几何图形转换为屏幕上的像素点的过程。在三维建模中，通过光栅化技术，将三维对象的几何信息转换成二维图像，使得计算机可以对其进行显示和处理。这一过程涉及将三维对象的顶点、边和面转换成屏幕上的像素点，并考虑到透视、裁剪和视口变换等因素，以实现对三维场景的准确呈现。

矢量图形描述了对象的形状和结构。在三维建模中，矢量图形通常用于表示对象的基本几何形状，如点、线、曲线和曲面等。通过对这些矢量图形进行组合、变换和操作，可以构建出复杂的三维对象，并实现对其形状和结构的精确控制和编辑。

着色模型用于确定物体表面的颜色、纹理等属性。在三维建模中，着色模型通过对三维对象表面的光照、材质和纹理等进行描述和计算，实现对物体外观的模拟和渲染。这一过程涉及光照模型、材质属性和纹理映射等技术，以实现对物体表面的真实感和细节的呈现。

光照模型模拟了光线在物体表面的反射、折射等行为。在三维建模中，光照模型通过对光源、物体表面和观察者之间的光线交互过程进行建模和计算，实现对物体在不同光照条件下的外观和视觉效果的模拟。这一过程涉及光线追踪、阴影计算和环境光照等技术，以提升三维场景的真实感和逼真度。

(三) 建模技术

不同的建模技术被广泛应用，其中包括多边形建模、曲面建模和体素建模等。这些技术各有特点，可以根据具体的建模需求和场景选择合适的方法来进行建模。

多边形建模通过组合多个多边形（通常是三角形或四边形）来构建对象的表面。在多边形建模中，设计者可以通过调整和编辑多边形的顶点、边和面来实现对对象的形状和结构的控制。这种建模技术简单直观，易于理解和操作，因此被广泛应用于各种三维建模软件和工具中。

曲面建模利用数学曲面方程来描述对象的表面，能够更精细地表现复杂曲线和曲面。在曲面建模中，设计者可以通过调整曲面方程的参数或控制点来实现对对象的形状和曲率的控制。这种建模技术适用于对曲线、曲面和复杂几何形状的建模，可以实现更高的建模精度和表现力。

体素建模是一种将物体分解为小的立体单元（体素），通过组合这些体素来构建对象的方法。在体素建模中，物体被表示为由立方体或其他形状的体素组成的三维网格，每个体素可以具有不同的属性或密度。

（四）建模工具和软件

三维建模是一项复杂而多样化的任务，通常需要借助专业的建模软件来完成。这些软件如 Blender、Maya、3ds Max 等，它们不仅提供了丰富的建模工具和功能，还拥有强大的渲染引擎和用户界面，使用户能够更轻松地进行三维对象的创建、编辑和渲染。而这些建模软件背后的原理涉及算法、数据结构、用户界面设计等多个方面。

建模软件背后的算法是支撑其功能实现的关键。这些算法包括了多边形建模、曲面建模、体素建模等各种建模技术的实现，以及光线追踪、阴影计算、纹理映射等渲染技术的实现。例如，多边形建模软件需要实现顶点编辑、边和面的操作、网格拓扑修改等算法；而曲面建模软件需要实现贝塞尔曲线、B 样条曲面等曲线曲面算法；渲染软件需要实现光照模型、阴影算法、纹理映射等渲染算法。这些算法的设计和实现直接影响了建模软件的功能和性能。建模软件背后的数据结构是存储和管理三维对象数据的基础。这些数据结构包括了顶点、边、面、曲线、曲面等各种几何对象的表示和存储方式，以及场景图、渲染树等数据结构的设计和实现。例如，建模软件通常使用半边数据结构（half-edge data structure）来表示复杂的三维网格模型，使用 BSP 树（binary space partitioning tree）或 kd 树（kd-tree）来加速光线追踪和碰撞检测等操作。这些数据结构的选择和优化直接影响了建模软件的性能和效率。建模软件背后的用户界面设计是实现用户与软件交互的关键。这些界面设计包括了菜单、工具栏、视图窗口、属性面板等各种交互元素的设计和布局，以及拖放、快捷键、命令行等各种交互方式的实现。建模软件需要设计直观友好的用户界面，使用户能够方便地进行建模、编辑和渲染操作，同时提供丰富的定制和扩展功能，满足不同用户的需求和习惯。

（五）实时渲染和优化

随着计算机性能的提升和图形硬件的发展，实时渲染技术能够在短时间内生成逼真的图像，使得用户可以实时预览和编辑建模对象，提高了建模的效率和交互性。实时渲染技术包括了基于光栅化的渲染技术和基于光线追踪的渲染技术等，通过优化渲染算法和硬件加速等手段，实现了对复杂场景和高质量图像的实时渲染。优化是三维建模中一个重要的环节。优化的目标是提高建模对象的性能和交互体验，包括减少多边形数量、优化纹理映射、加速碰撞检测等方面。例如，通过减少模型中不必要的细节和边缘，可以降低多边形数量，从而提高渲染和交互的性能；通过优化纹理映射和纹理压缩技术，可以减少纹理映射的存储空间和加载时间，提高渲染的效率和速度；通过加速碰撞检测算法和数据结构的优化，可以实现更快速和准确的碰撞检测，提高交互的实时性和流畅度。

二、三维场景设计的基本原理

（一）空间布局与构图

三维场景设计中的空间布局与构图是设计的核心环节，它决定了场景的整体视觉效果和观感。设计师在进行三维场景布局时，需要充分考虑透视效果，这是创建场景深度感的关键。透视关系的合理运用能够让场景中的物体显得更加真实和立体。例如，在设计一个城市街道的三维场景时，远近建筑物的大小和位置应遵循透视规则，前景的物体应当更大更清晰，而背景物体则逐渐缩小并模糊。这种透视效果不仅增强了场景的空间感，还使观众在视觉上感受到一种自然的渐进变化，提升了整体的真实感和沉浸感。在三维场景设计中，不同物体的比例直接影响场景的平衡性和观感。设计师需要根据场景的主题和需求，合理确定物体之间的大小、距离和高度。例如，在一个森林场景中，树木、山丘、河流等元素的比例应该相互协调，以避免出现比例失调的情况，这样才能确保场景的自然感和真实性。同时，比例关系的把握还需要考虑观众的视角和视觉习惯，避免因比例不当而导致的视觉疲劳或不适，从而让场景更加和谐。

物体之间的相互关系和布局也是三维场景设计中的关键因素。设计师需要在场景中合理安排各个物体的位置，以形成一个有机的整体。这不仅包括前景、中景和背景物体的排列，还涉及到光源的设置和影子的投射方向。例如，在设计一个室内场景时，家具的摆放应当考虑到人们的活动路线和视线方向，同时灯光的设置要避免产生不必要的阴影或过强的光线，这样才能使场景显得更加自然和舒适。通过合理的布局和构图，设计师能够引导观众的视线，从而突出场景中的重要元素，并增强整体的视觉效果。光源不仅决定了场景的亮度和阴影效果，还影响了物体的颜色和质感。设计师在布置光源时，需要综合考虑场景的氛围、时间和空间位置等因素。例如，在一个日出场景中，光源应从低角度照射，形成长长的阴影和柔和的光线，这样能够更好地表现出清晨的宁静和温暖。不同光源的组合使用，如主光、辅助光和背光等，可以创造出更为复杂和丰富的光影效果，使场景显得更加立体和生动。

层次感的营造可以通过前景、中景和背景的合理分布来实现，这样能够让场景显得更加丰富和有深度。设计师可以通过对比色、明暗对比以及纹理的变化等手段，进一步强化场景的层次感，突出视觉焦点。例如，在一个庭院场景中，前景的花草、中景的喷泉和背景的建筑可以形成一个自然的视觉引导，使观众的视线逐步深入场景内部，产生一种探索的欲望。通过巧妙的布局和构图，设计师不仅可以提升场景的视觉冲击力，还能够更好地传达场景的情感和主题。

（二）材质与纹理应用

在三维场景设计中，材质与纹理的应用至关重要，它们赋予了场景中的物体以真实感和质感。材质的选择是决定物体表面特征的基础。设计师通过为物体赋予合适的材质，可以模拟出不同材料的特性，例如金属的光泽、玻璃的透明感、石材的粗糙度等。这种材质的选择和应用，不仅在视觉上让物体更加真实，还能传达物体的物理特性和使用感受，使得整个场景更加可信和有说服力。纹理图像为物体表面添加了细节，例如木材的纹理、布料的织物纹路、砖墙的裂缝等，这些细节丰富了物体的外观，使其不再是单纯的光滑表面，而是具有了层次感和细节感。通过对纹理的精细处理，设计师可以让场景中的物体呈现出逼真的外观。例如，在设计一个老旧的木质家具时，设计师可以通过添加木纹纹理和微小的划痕，来表现出木材的历史感和使用痕迹，这样的处理不仅让物体更加生动，还能增加观众对场景的情感认同。

不同的材质在光照下会呈现出不同的反射、折射和散射效果，例如金属表面的高反光性、磨砂材质的漫反射特性、透明材质的光线折射等。设计师通过合理配置光源和调整材质的属性，可以模拟出各种复杂的光影效果，从而增强场景的立体感和视觉冲击力。纹理在这一过程中也不容忽视，例如在模拟石材表面时，纹理的凹凸变化能够在光照下形成细腻的阴影，使物体的质感更加突出。这种光影与材质、纹理的互动，极大提升了场景的真实感和视觉吸引力。在三维场景设计中，材质的选择还需要考虑到场景的整体风格和主题。设计师应根据场景的具体需求，选择与主题相符的材质，以确保场景的统一性和连贯性。例如，在设计一个科幻场景时，可以选择金属、玻璃等材质来营造出未来科技感，而在设计一个自然场景时，则应优先使用木材、石材和植物等自然材质，以传达场景的自然和谐感。同时，纹理的应用也应与场景的整体风格相协调，避免使用不匹配的纹理导致场景的视觉冲突。例如，在一个古典建筑场景中，过于现代化的纹理可能会破坏场景的整体氛围，因此设计师需要谨慎选择和应用纹理。

材质与纹理的合理搭配不仅提升了三维场景的视觉效果，还能增强观众的沉浸感。通过对材质的精细处理和纹理的巧妙应用，设计师能够让观众在观看场景时感受到材料的真实质感，例如通过触觉联想感受到木材的温暖、金属的冰冷或布料的柔软。这种多感官的刺激，使得观众不仅仅是"看"到了场景，更是"感觉"到了场景的存在，从而大大增强了场景的沉浸感和代入感。这种高度真实的视觉体验，使得三维场景不仅在艺术和美学上取得了成功，也在观众的心理层面产生了深刻的影响。

(三) 光影与色彩处理

光源的选择和布置是场景设计的基础。设计师需要根据场景的需求，选择合适的光源类型，如自然光、点光源、环境光等，不同光源的使用能够产生不同的氛围和情感效果。例如，自然光可以带来柔和的光线和真实的阴影，适合表现白天的场景，而点光源则能够创造出强烈的明暗对比，突出特定物体或区域。这种光影效果不仅增加了场景的层次感，还能够引导观众的视觉焦点，强化场景的情感表达。设计师通过调整光源的位置、强度和方向，可以在场景中创造出丰富的光影效果。例如，在一个戏剧性的场景中，设计师可以利用强烈的背光来勾勒出物体的轮廓，使其在背景中显得更加突出，同时通过阴影的运用增强物体的立体感。明暗对比不仅使场景更加生动，还能够传达特定的情感氛围，如紧张、神秘或宁静，从而更好地引导观众的情绪反应。

色彩不仅决定了场景的视觉风格，还直接影响观众的情感体验。设计师在选择色彩时，需要考虑场景的主题、氛围以及目标观众的审美偏好。例如，暖色调通常用于营造温馨、愉悦的氛围，而冷色调则常用于表现冷静、理智或孤独的场景。通过对色彩的合理搭配，设计师可以在场景中传达出复杂的情感和故事，增强场景的吸引力和感染力。同时，色彩的对比和调和也能增加场景的视觉层次感，使画面更加丰富和有深度。光影与色彩的结合在场景设计中产生了强大的视觉冲击力。设计师通过精确的光影布局和色彩搭配，能够将场景中的物体、空间和情感有机结合。例如，在一个黄昏场景中，设计师可以利用温暖的橙黄色调结合柔和的自然光，营造出一种宁静而温馨的氛围，与此同时，长长的阴影和渐暗的天空则为场景增添了一层神秘感和深度感。光影与色彩的巧妙结合，不仅让场景更加立体和生动，还能够深刻影响观众的情感反应，使场景更加具有感染力和艺术性。

设计师在运用光影和色彩时，必须考虑到场景的整体布局和视觉目标，以确保每一个元素都能够服务于整体的情感表达和视觉效果。例如，在一个充满未来科技感的场景中，设计师可以采用冷色调的蓝色和白色为主，配合点光源的冷光效果，来表现场景的冷峻和高科技感。而在一个森林场景中，设计师则可以选择绿色和棕色为主调，利用柔和的自然光来表现场景的宁静和自然。这种整体风格与光影、色彩的统一，使得场景在视觉上更加和谐，情感表达更加明确，极大地提升了观众的沉浸感和认同感。

第三节　交互与沉浸式体验原理

一、交互原理

（一）用户界面设计

用户界面设计是三维建模软件中交互原理的核心之一。它涉及用户与系统之间的直接接触点，包括了界面布局、控件设计、信息架构等方面。设计师需要深入了解用户的习惯、心理模型和认知负荷，以创建直观、易用的界面，使用户能够轻松地理解和操作。

界面布局是用户界面设计的重要组成部分。良好的界面布局能够使用户快速找到需要的功能和信息，提高用户的操作效率和体验。在三维建模软件中，界面布局通常分为菜单栏、工具栏、视图窗口、属性面板等区域，设计师需要根据功能的重要性和使用频率合理安排这些区域的位置和大小，使其符合用户的操作习惯和视觉习惯。[①]
控件设计是用户界面设计的关键之一。不同类型的功能和操作需要不同类型的控件来支持，设计师需要选择合适的控件类型并进行设计和布局。信息架构也是用户界面设计的重要考虑因素。良好的信息架构能够帮助用户理清界面上的信息和功能关系，降低用户的认知负荷和学习成本。信息架构通常包括了场景图、层级结构、命名规范等，设计师需要通过合理组织和分类，将复杂的建模任务分解为简单易懂的操作步骤，引导用户完成建模任务。

（二）用户反馈机制

用户反馈机制是确保用户行为与系统响应之间有效沟通的关键。这一机制涵盖了各种反馈形式，如动画、声音、震动等。通过及时的反馈，用户可以了解其操作的结果，从而更加自信地与系统进行互动，减少误操作的发生。

动画是一种常见的用户反馈形式。在三维建模软件中，动画可以用来反映用户的操作过程和结果。例如，当用户选择了某个工具或执行了某个操作时，可以通过动画效果来展示相应的变化和效果，帮助用户理解和确认操作的影响。动画还可以用来提供交互指引，引导用户完成复杂操作或流程，增强用户体验和学习效果。

声音也是一种重要的用户反馈形式。在三维建模软件中，声音可以用来提示用户操作的成功或失败，提醒用户关注重要信息，或者反馈系统状态和进度。例如，当用户成功完成了一个操作时，可以播放愉悦的提示音；当用户执行了不允许的操作或遇到了错误时，可以播放警告音或错误提示音。这样的声音反馈能够有效地吸引用户的注意力，提高用户的警觉性和参与度。

震动也是一种常用的用户反馈形式。在支持触觉反馈的设备上，如在智能手机或触摸屏设备上，可以通过震动来反馈用户的操作或系统的状态。例如，当用户触摸了屏幕上的按钮或执行了某个操作时，可以通过短暂的震动反馈来确认操作的执行；当系统遇到了错误或需要用户确认时，也可以通过震动来引起用户的注意和响应。这种触觉反馈可以增强用户的交互体验和参与感，提高用户对系统的控制感和满意度。

（三）用户行为分析

用户行为分析是了解用户如何使用产品或系统的重要手段，它通过收集和分析用户的行为数据，帮助设计师深入了解用户的偏好、习惯和痛点，从而优化界面设计和用户体验。常见的分析方法包括用户测试、用户调研和用户行为分析工具等。

用户测试是一种常见的用户行为分析方法。在用户测试中，设计师会邀请真实用户来使用产品或系统，并观察他们的行为和反馈。通过用户测试，设计师可以了解用户在使用过程中遇到的问题和困惑，从而及时调整和改进产品或系统的设计。用户测

[①] 张晗. 虚拟现实技术在医学教育中的应用探讨［J］. 西北医学教育，2010，18（1）：48-51.

试通常包括实地观察、用户访谈、问卷调查等方式,可以全面、深入地了解用户的需求和反馈。

用户调研是另一种常见的用户行为分析方法。在用户调研中,设计师会通过问卷调查、访谈、焦点小组等方式收集用户的意见、建议和反馈。通过用户调研,设计师可以了解用户的需求、期望和偏好与用户的使用场景和行为模式,从而有针对性地优化产品或系统的设计。用户调研通常包括定性和定量的分析方法,可以量化和分析用户的意见和反馈,为设计决策提供数据支持。

用户行为分析工具也是一种常用的分析方法。这些工具可以通过收集和分析用户的行为数据,如点击、浏览、搜索等,来了解用户的行为模式和趋势。通过用户行为分析工具,设计师可以监测用户的行为轨迹、识别用户的偏好和习惯,发现用户的痛点和改进空间,从而优化产品或系统的设计和功能。常见的用户行为分析工具包括 Google Analytics、Hotjar、Mixpanel 等,它们提供了丰富的数据分析和可视化功能,帮助设计师深入了解用户的行为和需求。

(四)交互设计模式

交互设计模式是指在设计过程中常用的一些互动方式和模式,它们可以帮助设计师快速解决常见的交互问题,并提供一致的用户体验。常见的交互设计模式包括导航菜单、滑动切换、拖拽操作、手势识别等。

导航菜单是一种常见的交互设计模式,用于帮助用户快速导航和浏览网站或应用的内容。导航菜单通常位于页面或应用的顶部或侧边,包括各种链接和标签,用户可以通过点击导航菜单中的选项来访问不同的页面或功能。导航菜单的设计需要考虑到页面结构的层次关系和用户的浏览习惯,以提供简洁明了的导航体验。

滑动切换是一种常见的交互设计模式,用于在有限的空间中显示大量内容。滑动切换通常通过手指滑动或点击页面上的控件来实现,用户可以通过左右滑动或点击切换按钮来浏览不同的内容或页面。这种交互模式适用于移动设备上的应用和网站,能够有效地节省屏幕空间,提供流畅的浏览体验。

拖拽操作是一种常见的交互设计模式,用于移动、调整或操作页面上的元素。用户可以通过按住元素并拖动的方式来实现拖拽操作,如调整窗口大小、拖动图像或文本框等。这种交互模式可以增加用户的参与感和控制感,提高用户的操作效率和体验。

手势识别是一种越来越流行的交互设计模式,用于在触摸屏设备上实现各种手势操作。用户可以通过手指在屏幕上的滑动、捏合、旋转等手势来实现不同的操作,如放大缩小、旋转图片、切换页面等。手势识别技术可以提供更自然、直观的操作方式,增强用户的交互体验和参与感。

(五)用户参与和个性化

用户参与和个性化是交互原理的扩展应用,它们通过引导用户参与产品或系统的设计和优化过程,以及根据用户的个性化需求和行为数据提供定制化的体验内容和服务,来增强用户的参与感、满意度和忠诚度。

用户参与是交互设计的重要扩展。引导用户参与产品或系统的设计和优化过程,如用户反馈、用户建议等,可以增强用户的参与感和满意度。例如,设计师可以通过用户调研、用户测试等方式收集用户的意见和反馈,了解用户的需求和痛点,从而及时调整和改进产品或系统的设计,提高用户的满意度和体验。用户参与不仅可以帮助设计师更好地理解用户,还能够增强用户对产品或系统的认同感和忠诚度,促进产品或系统的持续改进和优化。

个性化是交互设计的另一种重要扩展。通过根据用户的个性化需求和行为数据提供定制化的体验内容和服务,可以增强用户的忠诚度和满意度。例如,根据用户的历史浏览记录、偏好和兴趣,为用户推荐个性化的内容和产品;根据用户的地理位置、设备类型和时间等因素,调整和优化页面布局和功能设计。这样的个性化体验能够更好地满足用户的需求和期望,提高用户的满意度和忠诚度,促进用户的长期使用和推荐。

二、沉浸式体验原理

(一)多感官体验

沉浸式体验是一种强调通过多种感官刺激,使用户完全沉浸在所体验的环境中的体验方式。它不仅仅关注于视觉,还包括了听觉、触觉、嗅觉和味觉等感官的参与。通过运用高清晰度的视觉效果、立体声的音频效果、触摸交互和触感反馈等技术手段,沉浸式体验使用户感觉仿佛置身于虚拟世界或数字环境之中,从而提升用户的沉浸感和参与度。

沉浸式体验通过高清晰度的视觉效果创造出逼真的视觉感受。利用先进的显示技术和图形渲染技术,使用户可以在虚拟世界中看到清晰、逼真的图像,感受到真实环境所具有的细节和色彩。这种逼真的视觉效果可以增强用户的身临其境感,让他们感觉仿佛真的置身于虚拟世界之中。

沉浸式体验通过立体声的音频效果提供真实的听觉体验。通过立体声音响系统或耳机,用户可以听到环绕立体的声音,感受到声音从不同方向传来的真实感。这种立体声音效可以增强场景的真实感和代入感,使用户更加沉浸于所体验的环境之中。

沉浸式体验还通过触觉交互和触感反馈技术创造出身临其境的触觉体验。触觉交互技术可以让用户通过触摸、手势等方式与虚拟环境进行互动,增强用户的参与感和控制感。触感反馈技术则能够模拟出不同的触感感受,如触摸、振动、压力等,使用户能够在虚拟环境中感受到真实物体的触感,进一步增强沉浸感和参与度。

沉浸式体验还可以通过嗅觉和味觉的参与,提供更加全面的沉浸感。尽管嗅觉和味觉技术尚未得到广泛应用，但在一些特定的场景中，如虚拟现实游戏、模拟训练等领域，也开始尝试利用嗅觉和味觉技术来增强用户的沉浸感和真实感。

（二）情感共鸣

沉浸式体验的设计不仅需要考虑到用户的感官刺激，还需要关注用户的情感体验。设计能够引发用户情感共鸣的场景、故事情节或者角色，可以增强用户对体验的情感投入和参与度。情感设计的目标是营造出积极的情感体验，如愉悦、惊喜、悲伤等，从而增强用户对产品或者场景的好感度和忠诚度。

沉浸式体验设计需要考虑到用户的情感共鸣。通过设计与用户生活经验或情感状态相关联的场景、故事情节或者角色，可以增强用户对体验的认同感和投入度。例如，在虚拟现实游戏中，设计师可以通过创造出真实而感人的故事情节，让玩家与角色产生情感共鸣，加深对游戏世界的投入和体验。通过设计愉悦、惊喜、激动等积极的情感体验，可以增强用户的情感参与和投入，提升用户的满意度和忠诚度。情感设计需要综合考虑用户的个人差异和情感需求。不同用户具有不同的情感体验偏好和情感敏感度，因此在设计沉浸式体验时，需要考虑到用户群体的多样性和个性化需求，提供符合用户期望和偏好的情感体验。例如，在游戏设计中，可以提供多样化的角色设定和情节分支，以满足不同玩家的情感需求和体验偏好。

（三）故事化体验

故事化体验在沉浸式体验中扮演着至关重要的角色。通过设计生动有趣的故事情节和角色，可以将用户带入虚拟世界中的具体场景和情境，从而增强用户的情感参与和身临其境的感受。故事化体验不仅能够吸引用户的注意力，还能够增强用户对体验的认知和记忆。

故事化体验通过设计精彩纷呈的故事情节，吸引用户的注意力。一个好的故事情节能够激发用户的好奇心和探索欲，引发他们的情感共鸣和投入。例如，在虚拟现实游戏中，设计师可以通过设计扣人心弦的故事情节，让玩家沉浸在角色的命运和挑战中，增强他们的参与度和投入感。

故事化体验通过塑造生动有趣的角色，增强用户对体验的情感参与。一个富有个性和魅力的角色能够引起用户的共鸣和喜爱，让他们更加投入到故事情节中。例如，在虚拟现实演播室中，设计师可以设计出各种有趣的角色，如新闻主播、摄影师、观众等，让用户亲身体验新闻报道的乐趣和挑战，增强他们对新闻事件的关注和理解。

故事化体验还能够增强用户对体验的认知和记忆。一个生动有趣的故事情节能够激发用户的思考和想象，帮助他们更好地理解和记忆所体验的内容。通过与故事情节相关联的任务和挑战，用户能够更深入地参与到体验中，加深对内容的理解和记忆。例如，在教育培训应用中，设计师可以通过故事化体验，让学生在虚拟环境中参与到教学任务和活动中，从而增强他们对知识的理解和记忆。

（四）个性化体验

沉浸式体验的设计不仅需要考虑到用户的情感体验，还需要充分考虑用户的个性化需求和偏好。通过收集和分析用户的行为数据和反馈信息，设计师可以为用户提供个性化的体验内容和服务，以增强用户的满意度和忠诚度。个性化体验不仅可以提高用户的参与度，还可以增强用户对产品或者场景的认同感和归属感。

个性化体验通过收集和分析用户的行为数据和反馈信息，了解用户的兴趣爱好、喜好倾向以及行为习惯等，为用户量身定制符合其个性化需求的体验内容和服务。例如，在一个虚拟现实游戏中，设计师可以根据用户的游戏偏好和行为习惯，推荐适合其喜好的游戏关卡或者任务，提供个性化的游戏体验。

个性化体验通过提供个性化的内容和服务，增强用户的参与度和投入感。当用户感受到自己被重视和关注，体验内容和服务与自己的兴趣爱好和需求高度匹配时，他们会更加愿意参与到体验中，从而增强他们的参与度和投入感。例如，在一个虚拟现实社交平台中，根据用户的个性化偏好和社交圈子，推荐与其兴趣相符的社交活动和互动内容，可以增强用户的参与度和活跃度。

个性化体验还可以增强用户对产品或者场景的认同感和归属感。当用户感受到自己得到了个性化的关注和服务，体验内容与自己的需求和偏好高度契合时，他们会对产品或者场景产生更深的情感连接和认同感。例如，在一个虚拟现实购物应用中，根据用户的购物偏好和历史购买记录，推荐符合其个性化需求的商品和优惠活动，可以增强用户对该应用的认同感和忠诚度。

第四节 虚拟现实技术在教育中的应用原理

一、沉浸式学习

虚拟现实技术可以通过逼真的环境模拟和交互体验，使学生沉浸在虚拟场景中，增强其学习的投入感和注意力。虚拟现实技术为学生提供了高度沉浸式的学习体验。通过逼真的环境模拟和虚拟现实技术，学生可以仿佛置身于实际场景之中，感受到身临其境的真实感。例如，学生可以通过虚拟现实技术体验历史场景，如参观古代文明的建筑和景观，感受历史的厚重和生动；或者观察生物行为，如观察动物的生活习性和行为模式，加深对生物学知识的理解和掌握。这样的沉浸式学习体验可以激发学生的学习兴趣和好奇心，增强学习的投入感和注意力。

二、实践性学习

虚拟现实技术为学生提供了实践性学习的机会，使他们能够在虚拟环境中进行模拟操作和实验，而无需担心现实环境中的安全和成本问题。这种实践性学习方式在医学教育、工程教育等领域具有广泛的应用和重要意义。

在医学教育中，虚拟现实技术可以创建高度逼真的手术模拟环境，让学生进行实践性的手术操作练习。[1] 通过虚拟手术模拟系统，学生可以模拟各种不同类型的手术操作，如心脏手术、脑部手术等，进行手术操作的模拟练习。在这样的虚拟环境中，学生可以自由地进行实验和尝试，熟悉手术操作的步骤和技巧，提高操作的熟练度和准确度，而无需担心患者的安全和手术成本。

在工程教育中，虚拟现实技术可以提供建筑设计和工程施工等方面的模拟实践机会。学生可以在虚拟环境中进行建筑设计和工程施工的模拟操作，模拟各种不同类型的建筑结构和施工场景，进行设计和施工方案的实践性练习。在其他领域的教育中，虚拟现实技术也可以提供实践性学习的机会。例如，在化学教育中，学生可以通过虚拟实验室进行化学实验的模拟操作；在地理教育中，学生可以通过虚拟地理环境进行地形探索和地理信息分析等。这样的实践性学习机会不仅可以提高学生的实践操作能力和技能水平，还可以激发学生的学习兴趣和创造力，促进知识的深入理解和应用。

三、个性化学习

虚拟现实技术在教育领域的应用为个性化学习提供了新的可能性。通过收集和分析学生的学习数据和行为信息，虚拟现实系统可以自动调整虚拟环境中的内容和难度，为学生提供符合其个性化需求的学习资源和任务，从而提高学习的效果和满意度。

虚拟现实技术可以根据学生的学习需求和能力水平提供个性化的学习内容。通过收集学生在虚拟环境中的学习数据，如学习速度、知识掌握程度、错误率等，系统可以分析学生的学习需求和能力水平，为每个学生量身定制符合其学习需求的学习内容。例如，系统可以根据学生的学习进度和掌握程度，动态调整学习内容的难度和复杂度，确保学生能够在适当的挑战下持续进步。虚拟现实技术可以根据学生的学习偏好和兴趣提供个性化的学习资源。通过分析学生的学习行为和反馈信息，系统可以了解学生的学习偏好、兴趣爱好和学习风格，为其推荐符合其兴趣和偏好的学习资源和任务。例如，系统可以根据学生的兴趣爱好推荐相关主题的虚拟实验、场景模拟或学习游戏，激发学生的学习兴趣和动力。

虚拟现实技术还可以为学生提供个性化的学习辅助工具和支持服务。通过分析学

---

[1] 高亮. 新媒体 VR 虚拟技术在小学教育中的应用与研究 [J]. 东西南北，2020，559（11）：156-158.

生的学习数据和行为信息，系统可以识别学生的学习障碍和困难，为其提供个性化的学习辅助工具和支持服务，帮助其克服学习障碍，提高学习效果。例如，系统可以根据学生的学习表现，自动生成个性化的学习建议和解题策略，进行有针对性的辅导和指导。

四、情感共鸣

虚拟现实技术可以通过故事情节、角色表现和场景设计引发学生的情感共鸣，增强其对学习内容的情感投入和认同感。

虚拟现实技术可以通过精心设计的故事情节引发学生的情感共鸣。在虚拟现实环境中，设计师可以设置丰富多样的情节和情感场景，如挑战、冲突、成长等，以吸引学生的注意力和情感投入。例如，通过模拟真实生活中的情景和事件，如社会问题、人物故事等，让学生亲身体验和感受，从而增强他们的情感共鸣和认同感。

虚拟现实技术可以通过角色表现和情感交流加深学生对学习内容的情感投入。在虚拟现实环境中，设计师可以设置各种不同类型的角色和人物，通过其表情、语言、动作等方式与学生进行情感交流和互动。例如，设计师可以设置虚拟人物来扮演新闻记者、幸存者、受害者等角色，让学生与之互动并参与情节发展，从而增强他们对新闻报道技能的理解和体验。

虚拟现实技术可以通过精美细致的场景设计营造真实的学习环境和氛围。在虚拟现实环境中，设计师可以根据学习内容和情节需求，精心设计各种不同类型的场景和背景，如新闻演播室、现场报道现场等，以增强学生的情感体验和参与感。例如，设计师可以模拟真实的新闻演播室，包括摄影机、灯光、幕布等元素，让学生感受到真实的新闻报道氛围，增强其对新闻报道技能的理解和认同感。

五、跨地域学习

通过这些技术，学生可以与全球各地的同学和专家进行实时交流和合作，分享知识和经验，拓宽学习视野，促进跨文化交流和合作。

虚拟会议和协作平台为学生提供了实时交流和合作的机会。无论身处何地，学生都可以通过虚拟现实技术参与到各种虚拟会议和协作活动中，与同学、老师以及来自全球各地的专家进行实时交流和合作。通过语音、视频和文字等多种形式的沟通工具，学生可以分享自己的想法和观点，倾听他人的见解和经验，共同探讨问题。

虚拟会议和协作平台拓展了学生的学习视野。通过与来自不同国家、不同文化背景的同学和专家进行交流和合作，学生可以接触到不同的观点、思维方式和学习方法，拓展自己的学习视野，开阔自己的思维，提高学习思维的多样性和创新性。这种跨文化交流和合作有助于增强学生的跨文化意识和全球意识，提高他们适应多元文化社会的能力。

  虚拟会议和协作平台促进了知识和经验的共享与传播。通过虚拟现实技术，学生可以与各地的同学和专家分享自己的知识和经验，了解其他地区和国家的最新科研成果和学术进展，获取全球范围内的学习资源和信息。这种知识和经验的共享有助于促进学生之间的互惠学习和合作，提高他们的学习效率和水平。

  虚拟会议和协作平台促进了全球范围内的跨文化交流和合作。通过与来自不同国家和地区的学生和专家进行交流和合作，学生可以了解其他国家和地区的文化、历史、传统和习俗，增进彼此之间的理解和友谊，促进全球范围内的和平与发展。

第三章 虚拟现实技术对教学模式的影响

第一节 传统教学模式与虚拟现实技术的对比

一、传统教学模式

（一）教学方式

传统教学模式的核心特点是以教师为中心的知识传递。在这种模式中，教师承担着主要的教学任务，通过讲授、板书和课本来传递知识。课堂上，教师通过结构化的课程设计，按照预定的教学计划，系统地讲解知识点，确保学生在有限的时间内掌握大量的理论内容。[1] 这种模式强调教学内容的完整性和系统性，能够帮助学生在短时间内掌握广泛的知识面。然而，随着教育理念的发展，这种以教师为中心的教学方式也逐渐暴露出一些问题，尤其是在学生参与和互动方面。此外，传统教学模式在控制力和规范性方面表现突出。教师在课堂上具有绝对的主导地位，决定着教学内容的进度和深度。学生的学习过程往往按照教师的安排进行，教学秩序井然有序。这种规范化的教学方式能够有效地保障大规模教学的顺利进行，特别是在知识点的系统性传授和统一标准的考试准备上具有显著的优势。然而，正是这种高度的控制力，也限制了学生在学习过程中的自主性和创造性，使得他们在学习过程中更多地处于被动接受的状态，缺乏探索和思考的空间。

传统教学方式虽然在知识传递方面具有较强的优势，但在学生互动和参与度上则相对不足。在大多数课堂上，教师的讲授时间占据了课堂的大部分，学生仅限于听讲和做笔记，很少有机会主动参与到教学过程中。由于课堂上互动的机会有限，学生的学习体验较为单一，难以充分调动他们的学习兴趣和积极性。长此以往，学生可能会对学习产生厌倦情绪，影响学习效果和对知识的深入掌握。这种缺乏互动的学习方式，也不利于培养学生的批判性思维和问题解决能力。板书作为一种可视化的教学手段，可以帮助学生理解复杂的知识结构，而课本则是学生学习和复习的重要资源。然而，

---

[1] 张静，张伟. 虚拟现实技术在教育管理中的运用探究 [J]. 教育信息化论坛，2023（8）：12-14.

这两种工具在教学过程中都呈现出内容静态和互动性不足的特点。板书通常是教师单向传递信息的方式，缺乏与学生的实时互动，而课本虽然系统全面，但也难以激发学生的主动思考和创造性。在这种教学环境中，学生的学习往往停留在记忆和理解层面，难以进一步深挖知识的应用价值和创新潜力。

传统教学模式的评估方式也较为单一，通常以期末考试或阶段性测试为主。这种评估方式虽然能够较为客观地反映学生对知识的掌握情况，但由于其主要关注的是学生对知识点的记忆和理解，往往忽视了对学生综合能力的评价。学生在这种评估体系下，更倾向于死记硬背，而非主动探究和实践。这不仅限制了学生的学习视野，也在一定程度上削弱了他们的学习动力和创新意识。因此，在现代教育背景下，传统教学模式虽然在某些方面仍然具有不可替代的优势，但其局限性也日益显现，如何在保持其优点的同时，弥补其不足，成为教育改革的一个重要课题。

（二）学习体验

在传统教学模式下，学生的学习体验往往被认为是相对被动的。教师在课堂上占据主导地位，学生主要通过听讲和做笔记来获取知识。这种学习过程通常缺乏互动性，学生在学习过程中较少有机会参与到讨论、辩论或实践活动中。由于互动的缺乏，学生的学习积极性和参与感较弱，容易导致他们在课堂上处于被动接收信息的状态，而不是主动探索和深入理解。这种被动的学习体验使得学生在面对复杂问题时，往往只会机械地记忆教师所传授的内容，难以形成独立思考和批判性思维。课堂上的大部分时间由教师主导，学生的发言机会有限，互动形式单一。这种情况导致学生在课堂上缺乏表达自己的机会，思维被限制在教师设定的框架内，难以激发他们的创造性思维和自主学习能力。对那些需要通过实践和动手操作来掌握的知识，传统教学模式更是显得力不从心。学生在这种模式下，缺乏动手实践的机会，无法通过实际操作来加深对知识的理解和运用。这种缺乏参与和实践的学习体验，往往使得学生在课堂上只是表面上理解了知识点，而在实际应用中却难以灵活运用。

传统教学模式虽然在基础知识的传授上具有一定的优势，但在培养学生的动手能力和实际应用能力方面存在不足。大多数传统课堂的教学内容主要集中在理论知识的讲解上，而忽视了对学生实践能力的培养。这种偏重理论的教学方式，使得学生在面对实际问题时，缺乏解决问题的经验和技能。尽管学生可能在理论上掌握了知识，但由于缺乏动手实践，他们在实际应用中往往感到无从下手。长期以来，这种以理论为主的学习体验，使得学生在应对现实挑战时，显得经验不足，难以将所学知识灵活地运用到实际生活或工作中。学生在课堂上更多的是遵循教师的指引，按部就班地学习，缺乏自主选择和探究的机会。这种缺乏探索性的学习过程，难以激发学生的创新意识和创造力。学生习惯于接受现成的知识，而不是通过实验和探究来发现新知识。这种被动的学习方式，限制了学生的想象力和创新能力的发挥，使他们在面对新问题时，难以提出独特的见解和解决方案。尤其是在当前社会日益需要创新型人才的背景下，传统教学模式的这种局限性显得尤为突出。

每个学生都有不同的学习节奏和兴趣点，而传统教学模式往往以"一刀切"的方式进行知识传授，难以顾及每个学生的个体差异。学生很难根据自己的兴趣和需求进行个性化学习，学习体验也因此显得单调和乏味。教师在课堂上难以为每个学生提供的有针对性的指导，学生的个性化需求得不到满足，导致学习效果差异较大。这种缺乏个性化的学习体验，不仅影响了学生的学习效果，也在一定程度上挫伤了他们的学习兴趣和动力。

(三) 资源利用

在传统教学模式中，资源利用的主要依托是教科书和教具。这些资源通常由教育部门统一制定并发放，内容相对固定且标准化。教师在课堂上主要依赖这些工具进行知识传授，教科书成为学生学习的主要参考资料。这种标准化的资源虽然在确保教育质量的一致性方面发挥了重要作用，但也在很大程度上限制了教学内容的多样性和灵活性。学生获取知识的途径因此较为单一，更多的是通过教师的讲解和教科书的内容来掌握知识，而缺少了主动探索和获取信息的机会。同时，传统教学模式中的资源获取往往受到时间和地点的限制。课堂教学是资源利用的主要场所，学生在特定的时间段内，通过教师的讲解和教具的演示来学习知识。然而，这种资源的利用方式具有明显的局限性。学生只能在特定的课堂环境中获取知识，而在课外，资源的可及性大大降低。即使学生在课外想要进一步学习，也常常面临资源不足或不易获取的困难。这种资源的时间和地点限制，使得学生的学习活动难以延展到课堂之外，导致学习的深度和广度受到一定的限制。

教科书作为传统教学资源的核心，虽然内容系统而全面，但其更新速度通常较为缓慢，难以紧跟知识更新的步伐。尤其在科学技术飞速发展的今天，教科书中所包含的知识点可能在几年内就会过时。然而，由于教科书的编写和发行周期较长，学生往往接触到的仍然是几年前的知识，而无法及时了解最新的研究成果和技术发展。这种资源更新缓慢的问题，直接影响到学生的知识结构和视野的扩展，使得他们在知识的获取上显得滞后和单一。教具通常是简单的演示工具或模型，虽然在一定程度上能够帮助学生理解抽象概念，但这些资源的形式单一，难以提供丰富的学习体验。学生在学习过程中更多的是通过观察和记忆来掌握知识，缺少实际操作和体验的机会。这种资源的单一性，限制了学生多感官参与学习的可能性，使得他们的学习体验较为片面和被动。长此以往，学生容易对学习产生倦怠感，难以激发他们的学习兴趣和创新思维。

资源丰富的学校能够为学生提供更多的学习材料和设备，而资源匮乏的学校则难以满足学生的基本学习需求。这种资源分配的不均衡，使得不同地区的学生在教育质量上存在明显差距，影响了教育的公平性和普及性。尤其在偏远或经济欠发达地区，学生由于缺乏足够的学习资源，往往难以获得与城市学生相同的学习机会和教育质量。

（四）评估与反馈

评估与反馈的方式通常以笔试和作业为主。学生的学习效果往往通过定期的考试和课后作业来衡量，这种评估方式在一定程度上能够反映学生对知识点的掌握情况。然而，笔试和作业主要考查的是学生对教材内容的记忆和理解，评估的内容较为单一，难以全面反映学生的综合能力和思维水平。学生在应对考试时，往往更倾向于短期内的记忆和应试技巧，而不是深入理解和灵活运用所学知识，这种现象在传统教学模式中较为普遍。教师在批改作业和考试试卷后，才会向学生反馈学习结果，这一过程往往需要一定的时间，导致学生在学习过程中难以及时调整学习策略。这种滞后的反馈机制使得学生在发现自身学习问题时，可能已经进入了下一阶段的学习，从而错失了纠正错误和弥补知识漏洞的最佳时机。尤其是在一些难度较大的学科，学生如果无法及时获得反馈和指导，往往会在后续的学习中感到更加困难，逐渐失去学习的信心和动力。

传统教学模式下的评估方式较为僵化，往往以期末考试或阶段性测试为主要手段。这种单一的评估方式难以全面衡量学生的学习过程和综合素质。期末考试通常集中在知识点的回顾和总结，忽视了对学生平时学习表现、课堂参与度以及实际应用能力的考察。学生更多地关注考试成绩，而不是学习过程中所获得的知识和技能。这种偏重结果的评估方式，使得学习过程的动态评估被忽视，学生的学习体验和知识应用能力因此受到一定程度的限制。传统评估方式的单一性也限制了教师对学生学习效果的全面判断。考试成绩固然是衡量学生学习效果的重要指标，但它无法全面反映学生的学习习惯、思维能力以及创新潜质。学生在课堂上的表现、课外阅读和实践活动中的参与度，往往难以在传统的评估体系中得到充分体现。教师在进行教学反思和调整时，由于缺乏多样化的评估数据，往往难以制定出有针对性的教学策略。这种评估方式的局限性，不仅影响了学生的学习积极性，也在一定程度上阻碍了教学质量的提升。

学生的学习过程是一个持续的、动态的发展过程，而传统的评估方式往往只关注学习结果，忽视了过程中的进步和变化。学生在学习中可能会遇到各种问题和挑战，但传统的评估方式难以及时捕捉这些过程中的细节，导致教师无法在关键时刻给予学生有效指导和帮助。学习过程中的错误和问题得不到及时纠正和反馈，学生在面对复杂问题时，容易重复犯错，影响学习效果的持久性和稳定性。由于班级人数较多，教师很难为每个学生提供详细的反馈和个性化的指导。学生的学习反馈通常以集体形式呈现，个体差异难以在这种反馈机制中得到充分体现。学生在接收到普遍性反馈时，往往难以针对自身的问题进行调整和改进，这使得反馈的效果大打折扣。教师在面对学生的个性化需求时，也常常感到力不从心，难以提供有针对性的学习建议。

二、虚拟现实技术

（一）教学方式

虚拟现实技术在教学上的应用，为教育领域带来了全新的体验。通过创建沉浸式虚拟环境，教学内容不再局限于平面展示，而是以三维形式直观地呈现出来。学生在这样的环境中，能够直接观察和操作虚拟模型，体验到比传统教学更为真实和生动的学习过程。这种三维化的展示方式，不仅能够帮助学生更好地理解抽象概念，还能够通过视觉、听觉等多感官的刺激，增强他们对学习内容的记忆和理解。特别是在涉及复杂结构或过程的学科中，如解剖学、物理学等，虚拟现实技术的应用可以大大提高学生的学习效果。此外，虚拟现实技术通过虚拟实验和仿真操作，提供了丰富的互动学习机会。学生不再是被动接受知识，而是可以主动参与到虚拟实验中，通过操作和尝试，探索不同变量之间的关系。这种互动性学习不仅能够提升学生的动手能力，还能够激发他们的探究精神和创新意识。在虚拟实验中，学生可以自由地进行尝试和错误，而不必担心现实实验中可能带来的风险或资源浪费，这为他们提供了一个安全且开放的学习环境，有助于培养他们的独立思考和问题解决能力。

虚拟现实技术在教学上的应用，极大地激发了学生的学习兴趣和主动性。传统的教学方式往往较为单调，难以吸引学生的注意力，而虚拟现实技术则通过其独特的沉浸感和互动性，使学习过程变得更加有趣和吸引人。学生在虚拟环境中可以自由探索和体验，从而更积极地投入学习中去。这种主动参与的学习方式，使学生不再只是知识的接受者，而是学习过程的积极参与者和探索者，显著提高了学习的效果和效率。对于医学、工程、建筑等需要大量实践操作的学科，虚拟现实技术提供了一个逼真的仿真环境，学生可以在其中反复练习操作技能，直至熟练掌握。虚拟现实技术能够模拟各种复杂的操作场景，使学生能够在实际操作之前，先在虚拟环境中进行充分的练习，从而减少实际操作中的错误和风险。这种"先练后做"的教学方式，有效地提高了学生的实践能力和应变能力，为他们未来的职业发展打下了坚实的基础。

每个学生的学习节奏和理解能力不同，传统的"一刀切"教学方式难以满足所有学生的需求。而通过虚拟现实技术，教师可以为学生提供个性化的学习内容和路径，学生可以根据自己的节奏进行学习，不再受限于统一的教学进度。虚拟现实技术还允许学生根据自身的兴趣，深入探索特定的主题或领域，从而实现个性化教学。这种个性化教学的优势，使得虚拟现实技术在未来的教育发展中，具有广阔的应用前景。

（二）学习体验

虚拟现实技术的引入极大地改变了学生的学习体验，赋予了他们更多的主动权和灵活性。学生不再只是被动的知识接受者，而是可以通过自主探索和实验来获取知识。

他们能够在虚拟世界中自由移动、观察、操作，从而更深入地理解学习内容。学生可以在探索过程中发现问题、解决问题，提升他们的思维能力和创造性。在虚拟场景中，学生可以重复操作某一实验，直至完全掌握为止，这种方式尤其适用于需要反复练习的学科，如物理实验、化学反应等。传统教学模式往往是一种统一的教学节奏，而虚拟现实技术允许学生根据自己的学习进度进行调整，真正实现了因材施教。学生可以根据自己的兴趣选择不同的学习路径，无需跟随固定的教学安排。这种个性化的学习方式，使得学生的学习体验更加贴合自身需求，能够更有效地吸收和掌握知识。虚拟现实的灵活性不仅体现在学习内容的选择上，还体现在学习方式的多样化上，学生可以通过视觉、听觉、触觉等多种感官来感受学习内容，这种多感官的学习体验极大地丰富了学生的认知过程。

学生可以进行各种实践操作，而不必担心现实中的资源限制或安全风险。这种模拟实践的方式，能够帮助学生在真实环境中可能遇到的情境中提前进行练习，从而提高他们在现实中的应对能力。例如，医学专业的学生可以通过虚拟手术操作练习，工程专业的学生可以在虚拟建筑场景中进行结构设计和测试，这些模拟实践不仅增强了学生的动手能力，也为他们将来进入实际工作环境奠定了坚实的基础。在传统教学中，学生往往只能通过书本或教师的讲解来了解知识，而虚拟现实技术则打破了这种单向传递的模式，提供了更多的互动机会。学生可以在虚拟世界中与虚拟角色、物体进行互动，通过亲身体验来理解复杂的概念和过程。这种沉浸式的互动学习，使得学生在探索过程中不断调整和优化自己的思维方式，极大地提高了他们的学习兴趣和积极性。在这种学习模式下，学生不仅能够获取知识，还能够在不断互动中提升自己的实践能力和综合素质。

传统的课堂教学往往局限于课本和讲解，而虚拟现实技术则打破了这些限制，让学生能够在虚拟世界中体验到更加生动的学习过程。他们可以在虚拟环境中远程旅游、进入微观世界，甚至可以穿越时空去体验历史事件。这种多样化的学习体验，不仅激发了学生的学习兴趣，也极大地拓宽他们的知识视野。虚拟现实技术所带来的丰富的学习体验，使得学生的学习过程不再枯燥乏味，而是充满了探索和发现的乐趣。

(三) 资源利用

虚拟现实技术的应用彻底改变了传统资源利用的方式，使学生能够突破时间和空间的束缚，接触到前所未有的丰富资源。学生可以随时随地进入各种虚拟场景，无论是探索古代文明的虚拟博物馆，还是在虚拟实验室中进行科学实验，这些场景为学生提供了广泛的学习资源。这种资源的可及性和多样性，使得学生不再局限于教室或教科书，而是能够自由探索全球范围内的知识宝库。这种学习方式的灵活性和便捷性，为学生提供了前所未有的学习机会，极大地丰富了他们的学习内容和体验。同时，虚拟现实技术提供了极为丰富的教学资源，极大地拓宽了学生的学习视野。在虚拟世界中，学生可以参观世界上任何一个著名的博物馆、研究所，甚至可以进入历史事件的虚拟重现现场，亲身体验和感受这些场景带来的真实感和教育意义。通过这种方式，学生能够更深刻地理解历史、科学、艺术等多学科的知识。这些虚拟资源不仅提高了学生的学习兴趣，还帮助他们打破了传统教学中知识获取的限制，使他们能够从更广泛的视角来审视和理解所学内容。

学生获取资源的途径往往是固定的，依赖于教科书、课堂讲解和有限的课外读物。而虚拟现实技术的应用，使得学生可以根据自己的兴趣和学习需求，自主选择和利用各种虚拟资源。这种资源的自主利用方式，促使学生更加主动地参与到学习过程中，使他们的学习变得更加个性化和多样化。学生可以根据自己的节奏和需求，随时进入虚拟图书馆查阅资料，或是在虚拟实验室中进行实验验证，从而形成一种更加灵活和自主的学习模式。全球范围内的教育资源可以通过网络实现共享，学生不再受到地域和物理空间的限制，可以随时随地接触到世界上最前沿的知识和技术。例如，远程教育和跨国合作项目在虚拟现实的支持下，能够更加高效地实现，学生可以与世界各地的专家和学者进行交流与合作，共同完成学习任务或研究项目。这种资源共享的方式，不仅拓宽了学生的知识面，也培养了他们的国际视野和跨文化交流能力。

虚拟现实技术通过模拟和仿真，创造了许多现实中无法获得的资源体验。例如，学生可以在虚拟现实中体验到太空探索、深海探险等在现实世界中难以实现的情境。这些虚拟体验不仅丰富了学生的知识结构，还激发了他们的探索精神和创造力。在虚拟现实技术的支持下，学生能够在极端条件下进行实践操作或观察实验现象，这种独特的资源利用方式，为他们提供了丰富的实践机会和创新思维的培养空间。

（四）评估与反馈

虚拟现实技术可以实时记录和分析学生在学习过程中的每一个操作和反应。这种收集实时数据的能力，使得教师可以动态追踪学生的学习进程，深入了解学生在学习中遇到的难点和问题。与传统的评估方式相比，虚拟现实技术的优势在于能够实时监测学生的学习状态，并立即反馈结果，从而帮助学生及时发现问题并进行调整。这种实时性使得评估不仅仅是对学习结果的反映，更成为学生学习过程中的一部分，帮助他们在学习过程中不断改进和提升。此外，虚拟现实技术的动态评估能力，使得教学反馈更加个性化和精确化。每个学生在学习中的表现和进步都是不同的，虚拟现实技术可以根据学生的学习数据，为他们提供量身定制的反馈和建议。通过分析学生的操作习惯、学习时间、错误率等多维数据，虚拟现实系统可以为每个学生生成个性化的学习报告，指出他们的优势和不足。这种个性化的反馈机制，不仅有助于学生更有针对性地调整学习策略，还可以激发他们的学习兴趣和积极性，因为他们可以看到自己的进步和成长，从而更加投入学习过程。

传统的评估往往依赖于考试成绩和作业表现，教师难以全面了解学生的学习情况。借助于虚拟现实技术，教师可以获得更为详尽和多样化的学习数据，从而更准确地评估学生的学习效果。教师可以根据学生的实时数据，及时调整教学内容和方法，针对学生的薄弱环节进行重点讲解或练习。这种数据驱动的教学决策，不仅提高了教学的针对性和有效性，也使得教师能够更加灵活地应对不同学生的需求，优化教学效果。虚拟现实技术的即时反馈机制缩短了评估与反馈之间的时间差。传统的评估学生往往需要等到考试结束或作业批改后，才能得到反馈，错过了及时调整学习策略的最佳时机。而虚拟现实技术可以在学生操作或完成任务的瞬间，立即提供反馈信息，使学生能够立即意识到自己的错误或不足，并迅速进行调整。这种即时反馈的优势，不仅提高了学习的效率，还帮助学生在不断调整中形成更加有效的学习习惯和策略。

虚拟现实技术的评估与反馈功能还能够促进教师与学生之间的互动与沟通。通过实时数据分析和反馈，教师可以更好地了解每个学生的学习情况，对学生进行更有针对性的沟通和辅导。这种基于数据的沟通方式，使得教师能够更加准确地发现学生的需求，并提供相应的支持和帮助。同时，学生也可以通过虚拟现实平台，随时向教师反馈自己的学习体验和问题，形成一种双向互动的反馈机制。这种互动不仅增强了教师对学生的理解，也帮助学生更加主动地参与到学习过程中，提高了整体的学习效果。

第二节　虚拟现实技术对教学内容的重构

一、教学内容的多维呈现

（一）三维建模增强空间感知

虚拟现实技术可以通过三维建模，将复杂的教学内容转化为立体的虚拟场景，使学生能够在虚拟环境中进行探索和观察。这种三维化的呈现方式，特别适用于那些需要高度空间感知的学科，如建筑学、工程学和解剖学等。学生通常只能通过平面的图形或文字描述来理解这些学科的内容，而虚拟现实技术则允许他们在三维空间中自由旋转和放大缩小模型，从多个角度观察和分析，极大地提高了他们对空间结构和关系的理解。

（二）动态展示复杂过程

传统教学中的复杂过程，如物理实验中的力学变化或化学反应过程，往往难以通过静态图片或文本进行有效传达。虚拟现实技术通过动态展示，使这些复杂过程变得更加直观和易于理解。[1] 学生可以在虚拟场景中观看到物质变化、能量转换等动态过程的全过程，并通过互动操作进一步加深理解。这种动态的呈现方式，可以帮助学生更好地掌握时间维度上的变化和因果关系，从而提高学习效果。

---

[1] 朱锋，夏阳. 基于VR的网络教育研究与应用[J]. 计算机工程与设计，2005，26（9）：2500-2502.

（三）多角度探索与深度学习

多维呈现不仅仅是三维空间的展现，还包括多角度的视角切换。学生在虚拟现实环境中可以从不同的视角观察同一个对象或过程，发现平面教学中难以察觉的细节。这种多角度的探索方式，有助于学生进行深度学习，通过不断切换视角和观察不同层面，学生能够更全面地理解教学内容，并在实践中应用所学知识。这种深度学习的过程，也有助于学生形成批判性思维和提高创造性解决问题的能力。

（四）情境化学习提升理解

虚拟现实技术允许将教学内容融入特定的虚拟情境中，让学生在接近真实的环境中进行学习。例如，历史课程可以通过虚拟现实技术再现历史场景，科学课程可以模拟实验室环境，学生通过沉浸在这些情境中学习，不仅提高了理解力，还增强了学习的体验感和记忆效果。这种情境化的多维呈现方式，使得学习内容不再抽象和孤立，而与实际应用紧密结合，可以帮助学生更有效地将理论知识转化为实际技能。

二、教学内容的互动性增强

（一）实时操作与反馈

虚拟现实技术为学生提供了实时操作和即时反馈的机会。在传统课堂上，学生往往只能被动接受教师传授的知识，互动性较低。借助虚拟现实技术学生可以在虚拟环境中直接操作各种虚拟对象，例如进行化学实验、操控机械设备或探索自然现象。每当学生进行某项操作时，系统会实时给予反馈，使学生能够立即看到自己行为的结果。这种即时反馈机制，可以帮助学生迅速理解并纠正错误，从而加深对学习内容的理解，提升学习效果。

（二）沉浸式体验增强参与感

虚拟现实技术通过沉浸式体验，极大地增强了学生的参与感。学生不再是知识的旁观者，而能够亲身参与到学习过程中。例如，在学习地理时，学生可以"亲临"虚拟的地形环境进行探险；在历史课上，学生可以"置身"于历史事件的发生现场。这种沉浸式的互动体验使他们更主动地参与到学习过程中，提高了知识的吸收和应用能力。

（三）探索与发现促进深度学习

虚拟现实技术为学生提供了广泛的探索与发现的机会，学生可以自由地在虚拟环境中进行实验和探索，发现新的知识和规律。这种自由探索的方式，打破了传统教学中知识传递的单向性，赋予了学生更多的自主权。学生可以反复尝试不同的操作，观察其结果，并通过实验验证自己的假设。这种互动性的学习过程，不仅有助于培养学生的独立思考和问题解决能力，还促进了深度学习，使学生能够更全面地理解和掌握学习内容。

（四）协作互动提升团队学习效果

虚拟现实技术还支持多用户同时进入同一个虚拟环境进行协作学习。学生可以在虚拟现实中与同学或教师进行实时互动，共同完成任务或解决问题。这种协作互动方式，有助于培养学生的团队合作精神和沟通能力。学生可以分工合作，模拟真实的团队工作情境，共同应对挑战。这种基于互动的团队学习，不仅提高了学习的趣味性，还增强了学生之间的交流和协作，使学习内容更具现实意义和应用价值。

三、教学内容的个性化定制

（一）动态调整学习进度

虚拟现实技术使得教学内容能够根据学生的学习进度进行动态调整。在传统教学中，教学节奏通常是统一的，难以兼顾不同学生的学习速度。而虚拟现实平台可以实时监测学生的学习表现，根据他们的理解程度和掌握情况，自动调整教学内容的难度和节奏。例如，学生在掌握某一知识点后，可以立即进入下一个学习阶段，而不必等待整个班级的进度。这种灵活的学习进度调整，确保了每个学生都能在最合适的时间段学习最适合自己的内容，避免了学习过程中的挫败感和知识点的遗漏。

（二）根据兴趣定制学习内容

虚拟现实技术能够根据学生的个人兴趣，定制化设计学习内容。不同学生对不同学科和主题的兴趣各异，虚拟现实平台允许学生在虚拟环境中选择自己感兴趣的主题进行深入学习。例如，一个对生物学感兴趣的学生，可以选择探索虚拟现实中的细胞结构和生物过程，而对历史感兴趣的学生则可以选择参观虚拟博物馆，探索古代文明的遗迹。通过根据兴趣定制的学习内容，学生的学习动机得到了极大增强，使他们更积极主动地参与到学习过程中，最终提升了学习效果。

（三）个性化任务与评估

虚拟现实技术不仅允许个性化的学习内容，还可以为学生定制个性化的学习任务和评估方式。教师可以根据学生的学习水平和能力，设计不同难度的任务和挑战，让每个学生都能在自己能力范围内发挥最佳水平。例如，某个学生在虚拟实验室中表现出色，可以被分配到更复杂的实验任务，而另一个学生则可能需要先完成基础任务，逐步提高难度。虚拟现实平台还可以根据学生的表现，提供实时反馈和个性化评估，帮助学生识别自己的长处和不足，从而更有针对性地改进学习策略。

（四）支持自主学习路径

虚拟现实技术为学生提供了自主选择学习路径的可能性。不同学生的学习需求和目标各不相同，虚拟现实平台可以根据学生的个人目标，设计多种学习路径供其选择。例如，学生可以选择循序渐进的学习路径，逐步掌握知识，也可以选择挑战难度更大的路径，快速提升技能。这种自主学习路径的支持，使学生能够根据自己的需求和兴趣，灵活安排学习计划，从而在学习过程中保持高度的投入和兴趣。个性化定制的学习路径不仅使学习过程更加高效，还能激发学生的探索精神和创新能力。

四、跨学科内容的融合

（一）创建综合学习环境

虚拟现实技术使教师能够创建综合性的虚拟学习环境，将多个学科的内容整合在一个场景中进行教学。这种综合学习环境不仅打破了学科之间的界限，还为学生提供了更为真实和全面的学习体验。例如，教师可以设计一个虚拟城市，让学生在学习城市历史的同时，也能了解该城市的地理特征、经济发展以及相关的科学技术应用。通过这种多维度的学习，学生能够更好地理解知识在实际生活中的应用，培养他们的综合素养和跨学科思维能力。

（二）促进学科间的关联理解

传统的教学模式往往将学科内容分割开来，学生在学习时可能难以看到学科之间的关联。虚拟现实技术通过跨学科融合，使学生能够在一个情境中同时接触多个学科的知识。例如，在讲授能源资源时，教师可以通过虚拟现实平台展示一个能源开发项目，将物理学中的能量转换原理、地理学中的资源分布、经济学中的成本效益分析等内容结合在一起。这种关联性的理解，有助于学生看到不同学科之间的内在联系，促进他们对知识的整体把握和深度理解。

（三）丰富教学内容的广度和深度

学生不仅能够学习到单一学科的知识，还可以在同一学习情境中接触到其他相关学科的内容。例如，在学习气候变化时，虚拟现实可以展示气候变化的物理原理、其对生态系统的影响以及应对气候变化的政策和经济措施。这样，学生在学习过程中能够同时获取自然科学和社会科学的知识，从而拓宽他们的知识面，提高对复杂问题的综合分析能力。

（四）培养学生的跨学科思维与解决问题能力

在复杂的虚拟场景中，学生需要运用来自不同学科的知识，综合分析和解决问题。

例如，在一个虚拟现实中的灾难救援场景中，学生可能需要运用地理知识规划救援路线，利用医学知识进行急救，并结合社会学知识协调救援队伍的合作。这种跨学科的综合应用训练，不仅提升了学生的实践能力，也帮助他们在面对真实世界的复杂问题时，能够更加灵活和有效地运用所学知识，提出创新的解决方案。

五、教学内容的实时更新与扩展

（一）快速整合最新知识

虚拟现实技术通过网络连接，能够迅速整合并更新最新的知识和研究成果。传统教学内容的更新通常依赖于教科书的修订和出版，这一过程往往耗时较长，导致学生所学内容可能已经过时。而虚拟现实技术可以让教师即时将最新的科学发现、技术进展等融入教学内容中，使学生能够第一时间接触到前沿的知识。例如，在学习生物学时，学生可以通过虚拟现实平台了解刚刚发布的基因编辑技术进展，这种快速更新的能力，使学生的学习内容始终与科学发展的前沿保持一致。

（二）实时反映社会热点与实践

虚拟现实技术还允许将社会热点问题和实际应用案例迅速纳入教学内容，使教学更加贴近现实。例如，当某一重大社会事件发生时，教师可以通过虚拟现实平台立即将相关信息引入课堂，结合不同学科的知识进行多维度的分析和讨论。这种实时反映社会热点的教学方式，不仅增加了教学内容的现实感和紧迫感，还培养了学生分析和解决实际问题的能力，使他们能够更好地将课堂知识应用于现实生活中。

（三）扩展教学内容的广度与深度

虚拟现实技术的应用，使得教学内容的广度和深度得到了极大扩展。教师可以在虚拟现实平台上引入大量的扩展资源，如科研论文、视频讲座、虚拟实验等，学生可以根据自己的兴趣和学习需求深入探索这些内容。学生不再局限于教科书和课堂讲解，而能够自主扩展知识领域。例如，在学习能源利用时，学生可以通过虚拟现实技术，深入了解不同能源的开发、利用和环境影响，从而获得更全面的知识。这种扩展性不仅提高了学生的学习深度，还使得教学内容更加丰富和多样化。

（四）提高教学内容的灵活性与适应性

虚拟现实技术使得教学内容的更新和扩展更加灵活，能够迅速适应不同的教学需求和环境。教师可以根据课程的进展、学生的兴趣点以及当前的科技发展，随时调整和更新教学内容。这种灵活性允许教师在课程设计中更具创造性和前瞻性，确保教学内容始终与实际发展相吻合。例如，在教授经济学课程时，教师可以根据最新的经济数据和市场动态，及时更新虚拟现实中的经济模型和案例分析，使学生能够在一个实时更新的学习环境中掌握经济学原理。这种灵活且适应性强的教学内容更新方式，极大地提升了教学的有效性和学生的学习体验。

第三节　虚拟现实环境下的互动与协作教学

一、虚拟现实环境下的互动教学

（一）沉浸式学习环境提升学生参与度

虚拟现实技术的应用为教育领域带来了革命性的变化，尤其在提升学生参与度方面，创造了前所未有的机会。虚拟现实通过构建高度沉浸的学习环境，使学生能够全面参与和感受教学内容，打破了传统课堂中学生被动接收信息的局限。学生不再只是听讲或阅读，而是可以身临其境地体验和探索学习内容。例如，当学习历史时，学生可以"进入"一个虚拟博物馆，亲身探索历史遗迹，与虚拟展品进行互动。这种体验式学习方式，让学生更深刻地理解和记忆学习内容，极大地激发了他们的学习兴趣和积极性。同时，虚拟现实技术提供的沉浸式环境打破了物理空间的限制，为学生提供了一个全新的学习维度。在传统的教学环境中，学生的学习活动往往受到教室空间和物理设备的限制，而虚拟现实技术通过创造一个虚拟的世界，让学生能够在其中自由探索和互动。[①] 这种自由度增强了学生的学习体验，使他们能够以更主动的方式参与到学习过程中。例如，学习生物学的学生可以通过虚拟现实技术，进入一个虚拟的细胞内部，观察细胞器的结构和功能，甚至进行虚拟实验，这种前所未有的学习方式使学生能够在一个动态且互动的环境中学习，提升了他们的学习效果。

学生不仅可以通过视觉来观察学习内容，还可以通过听觉、触觉等多种感官进行体验。例如，在学习天文学时，学生可以在虚拟现实环境中"飞行"至宇宙深处，目睹星系的形成和行星的运行，伴随逼真的音效和触觉反馈，这种全方位的感官体验使学生能够更深入地理解和感受宇宙的浩瀚与神秘。这种多感官的沉浸式学习，不仅使学习内容更加生动和立体，还增强了学生的学习动机和专注力。每个学生可以根据自己的兴趣和学习进度，自主选择学习路径和内容。例如，学生可以选择深入探索某一特定领域，如古代埃及文明的建筑艺术，或是地球物理学中的火山活动，通过虚拟现实平台，学生可以在自己感兴趣的领域中不断深入学习。这种个性化的沉浸式学习，不仅满足了学生的个体需求，还激发了他们自主学习的热情，使他们在学习过程中更加投入，学习效果也因此显著提高。

---

① 王倩. 虚拟现实技术与在线智慧教育的融合路径研究［J］. 信息与电脑，2023，35（9）：246-248.

虚拟现实技术的沉浸式环境还提供了无与伦比的互动机会，进一步增强了学生的参与度。学生可以与虚拟对象进行实时互动，例如操作虚拟设备、解锁虚拟谜题或参与虚拟实验。这种高度互动的学习方式，使得学生不再是知识的被动接受者，而是主动参与者和创造者。他们在与虚拟世界互动的过程中，不仅掌握了知识，还培养了问题解决能力和创新思维。这种互动与沉浸相结合的学习环境，使得学生的学习体验更加丰富多彩，学习效果显著提升。

（二）交互式实验与实践强化理解

虚拟现实技术为教育带来的一个显著优势是它能够提供交互式实验和实践操作的机会，这极大地强化了学生对学习内容的理解。学生可以进入虚拟实验室，进行各种复杂的实验和操作，而无需担心现实中的危险或高昂的成本。例如，在化学实验中，学生可以在虚拟现实中混合不同的化学试剂，观察反应过程，并学习如何安全操作这些试剂。这样的实验不仅安全可靠，还允许学生反复操作，直到他们完全掌握实验步骤和原理。这种反复实践的机会，使得学生能够深入理解理论知识，并将其应用于实际操作中。同时，虚拟现实中的交互式实验大大降低了实验的成本和风险。许多实验由于设备昂贵、操作复杂或具有潜在危险，往往只能在有限的条件下进行。而虚拟现实技术通过模拟这些实验环境，让学生能够在虚拟世界中进行操作和探索。例如，学生可以在虚拟环境中操作复杂的机械设备，进行装配或排除故障，而不必担心实际设备的损坏或操作失误带来的后果。这种方式不仅消除了实验操作的经济和安全顾虑，还使得学生能够在没有时间和空间限制的情况下，自由地探索和实验，提高了他们的实践能力和学习效果。

虚拟现实技术为学生提供了一个高度交互和沉浸的学习空间，这极大地增强了他们的理解力。学生可以以直观的方式观察和操作各种实验对象，这种亲身参与的学习方式，有助于他们更好地掌握学习内容。例如，在生物解剖课上，学生可以通过虚拟现实进行解剖操作，深入观察和了解人体内部结构及其功能。这种直观的互动，不仅让学生"看见"了课本中描述的内容，还通过亲身体验使他们对这些知识有了更加深刻理解。这种从理论到实践的转化过程，使得学生的学习更加生动具体，理解也更加深入。虚拟现实环境中的交互式实验还提供了多次尝试和改进的机会，帮助学生在不断实验中巩固知识。在现实中，实验材料的有限性和实验环境的条件约束，常常限制了学生反复进行实验的机会。而虚拟现实技术的出现，打破了这一限制，学生可以在虚拟实验室中进行无限次的实验操作，直至他们完全掌握核心概念。例如，学生可以在虚拟现实中模拟各种化学反应，测试不同的反应条件，观察结果并从中学习。这种不断尝试和调整的过程，不仅帮助学生纠正错误，强化记忆，还使他们在不断实验中逐渐形成科学的思维方式和解决问题的能力。

虚拟现实技术还使得实验的多样化成为可能，极大地扩展了学生的学习内容。受限于设备和资源的不足，许多复杂或高风险的实验难以在课堂上实施。而在虚拟现实环境中，这些实验可以被轻松模拟，学生可以进行从微观到宏观、从简单到复杂的各种实验。例如，学生可以在虚拟现实中模拟地震，观察建筑物的受力和破坏过程，或者在虚拟天文实验室中探索宇宙的形成和演化。这种多样化的实验选择，极大地丰富了学生的学习内容，使他们能够在更广阔的知识领域中探索和发现。

（三）实时反馈与动态调整个性化学习

虚拟现实技术的实时反馈机制为教学带来了前所未有的灵活性和精准性。学生可以立即获得关于他们操作或决策的反馈。这种即时反馈的优势在于，学生能够在学习过程中及时识别并纠正错误，而不是在课后或考试中才发现问题。例如，在虚拟手术模拟中，学生如果操作不当，系统会立即发出提示，并提供正确的操作指导。通过这种实时的反馈，学生不仅可以迅速调整自己的操作，还能够更加深入地理解相关知识，从而提高操作的准确性和学习的有效性。与此同时，虚拟现实技术所提供的实时反馈，不仅有助于错误的纠正，还可以促使学生在学习过程中不断优化他们的学习策略。传统的教学反馈通常具有一定的滞后性，学生在完成一项任务或测试后，往往需要等待一段时间才能得到教师的评价和指导。而虚拟现实技术通过实时反馈，使得学生能够立即获得关于他们学习表现的详细信息。这种即时性使得学生可以随时调整学习方法或策略，以更有效地掌握知识。例如，学生在虚拟实验室中进行科学实验时，可以根据系统的反馈实时调整实验参数，进而探索不同变量的影响。这种动态调整的学习过程，有助于学生培养更灵活的思维方式和问题解决能力。

虚拟现实技术中的实时反馈机制极大地增强了教学过程的针对性。每个学生的学习节奏和需求都不同，而传统的教学模式难以兼顾这些差异。虚拟现实技术则打破了这一局限，通过实时反馈，系统可以根据学生的表现和需求，动态调整教学内容和难度。例如，在虚拟环境中的数学学习中，系统可以根据学生解题时的表现，自动调整题目的难度或提供相应的提示。这种个性化的教学方式，使得每个学生都能在最适合自己的节奏下学习，确保学习效果的最大化。虚拟现实环境中的即时反馈，不仅仅是对学生操作的简单纠正，更是对他们学习过程的全面指导。学生可以根据反馈信息，自主进行反思和调整，从而更加主动地参与到学习过程中。例如，在虚拟现实中的语言学习环境中，学生可以通过发音练习获得系统的即时反馈，系统会指出发音的错误并提供改进建议。学生在这个过程中，可以不断调整自己的发音方式，直至达到标准。这种自我调节能力的培养，不仅提高了学生的学习自主性，还使他们能够更加有效地掌握技能。

教师可以通过系统实时监控学生的学习进展，并根据系统提供的反馈信息，及时对学生进行指导和帮助。这种基于数据的互动方式，使得教师能够更加精准地了解每个学生的学习状况，并提供个性化的教学支持。例如，在虚拟化学实验课上，教师可以根据系统反馈，发现哪些学生在实验中遇到了困难，及时给予指导。这种高效的师生互动，不仅提高了教学质量，还促进了学生的学习效果。

(四) 促进协作与团队互动

虚拟现实技术为协作与团队互动创造了前所未有的机会，使学生能够在一个完全沉浸的虚拟环境中共同学习和工作。多个学生可以同时进入同一个虚拟场景，实时交流并协作完成任务。例如，在虚拟建筑设计项目中，学生们可以分工合作，从建筑设计到结构分析，再到施工模拟，每个团队成员都可以在虚拟环境中进行相应的工作，并通过虚拟会议进行讨论和决策。这种协作式学习不仅提升了学生的团队合作能力，还让他们在解决实际问题的过程中，学会如何有效地沟通和分配任务。同时，虚拟现实环境中的团队互动使得学生能够在模拟的真实情境中进行决策和合作。例如，在虚拟的经济市场模拟中，学生可以组建团队，扮演不同的企业角色，进行市场分析、产品开发、营销策略制定等一系列商业决策。这种高仿真的虚拟市场环境，使学生能够真实地体验市场竞争的复杂性和团队合作的重要性。通过这种互动，学生不仅学会了如何在竞争中做出战略决策，还学会了在团队中如何协调和合作，以实现共同的目标。这种实践性学习有助于学生将课堂上学到的理论知识应用到实际问题中，从而深化他们对知识的理解和掌握。

在传统的教学模式中，学生往往局限于各自的专业领域，缺少与其他学科学生合作的机会。而虚拟现实技术则能够打破学科界限，支持不同学科的学生在同一虚拟环境中进行协作。例如，一个涉及可再生能源的项目可能需要工程、经济、环境科学等多个学科的学生共同参与。这种跨学科的团队合作，不仅拓宽了学生的视野，也培养了他们解决复杂问题的能力，使他们在未来的职业生涯中能够更好地应对跨领域的挑战。虚拟现实中的协作学习不仅仅是知识和技能的交流，更重要的是学生之间相互启发和共同进步的过程。在团队合作中，学生通过分享各自的观点和经验，能够在互动中激发新的想法和解决方案。例如，在一个虚拟的科研项目中，学生可以通过讨论和实验，共同探讨并验证各种假设，最终形成更为全面和深刻的结论。这种团队互动的方式，可以帮助学生学会如何在合作中互相支持和鼓励，如何在不同意见中找到最佳的解决路径，从而实现个人与团队的共同成长。

虚拟现实技术中的团队互动还为学生提供了模拟真实职业环境的机会。学生不仅可以学习到专业知识，还能够体验真实工作环境中的团队合作和沟通流程。例如，在虚拟现实中的医院管理模拟中，医学生、护理学生和管理学生可以组成一个虚拟的医院管理团队，处理各种医疗管理问题，制定和实施医院管理策略。这种团队合作的模拟训练，使学生在校期间就能够提前感受到职业场景中的团队协作和沟通要求，帮助他们更好地适应未来的工作环境。

二、虚拟现实环境下的协作教学

（一）增强学生的沉浸式学习体验

虚拟现实技术在教育领域的应用日益广泛，其独特的沉浸式体验为学生带来了全新的学习方式。VR 技术通过创建高度逼真的三维环境，让学生仿佛置身于真实的情境中。这种沉浸感极大地增强了学生的学习体验，使他们能够更直观地理解复杂的教学内容。在协作教学中，学生可以利用 VR 进入虚拟实验室，进行各种科学实验的模拟操作，或者通过虚拟场景重现历史事件，深入探究历史背后的因果关系。这样的教学方式打破了传统课堂的空间和时间限制，让学生有机会在虚拟环境中进行真实感十足的学习，这种体验有助于他们对知识的深入理解和长期记忆。VR 技术的沉浸式特性不仅在感官上为学生提供了高度真实的体验，还通过与虚拟环境的互动，促进了学生对抽象概念的理解。许多抽象的概念或复杂的理论往往难以通过文字或平面图像传达，而 VR 技术能够将这些抽象内容具体化，使学生能够通过视觉和动手操作来理解。例如，在学习物理学中的力学概念时，学生可以通过 VR 模拟各种力的作用效果，并观察结果，从而更好地掌握力与运动的关系。这种互动式的学习不仅使得抽象概念变得生动有趣，还能够加深学生对这些概念的理解，提升他们的学习效果。

虚拟现实环境下的协作教学也为学生提供了一个自由探索和实验的空间。在 VR 环境中，学生可以根据自己的学习节奏，反复操作和观察，直到完全掌握所学内容为止。这种自主学习的机会能够有效激发学生的好奇心和探究欲望，让他们在探索中逐渐形成批判性思维和解决问题的能力。同时，VR 环境中的沉浸式体验还能够增强学生的学习动机，使他们更加专注于学习任务，减少外界干扰带来的影响。在这种高度沉浸的学习环境中，学生不仅能够更加深入地理解教学内容，还能通过与虚拟环境的互动，培养独立思考和实践操作的能力，从而为未来的学习和职业发展奠定基础。教师可以根据每个学生的学习需求，定制个性化的学习场景和任务，让学生在适合自己的节奏和难度下进行学习。这种个性化的学习体验不仅能够满足不同学习水平和学习风格的学生需求，还能够通过适时调整教学内容和难度，帮助学生逐步提高学习能力。同时，虚拟环境中的沉浸式体验也使得个性化教学更具有互动性和参与感，使学生在获得个性化指导的同时，也能够感受到学习的乐趣和成就感。

（二）促进跨地域、跨学科的团队合作

虚拟现实技术的发展为教育领域带来了诸多创新，其中最为显著的便是其在促进跨地域、跨学科团队合作方面的潜力。VR 技术打破了传统的地理限制，使得来自不同地区的学生能够在同一虚拟环境中进行协作学习和项目开发。无论学生身处何地，只需通过 VR 设备便可进入同一个虚拟教室或实验室，与来自世界各地的同学一起合作。这种虚拟环境中的互动,不仅缩短了地理距离,还创造了一个跨越时空的学习平台,极大地扩展了学生的合作机会和学习资源,使他们能够接触到更广泛的知识和多样化的观点。学生可以通过共享虚拟空间,实时交流并共同操作虚拟工具。这种虚拟场景的协作不仅能够让不同学科背景的学生参与同一个项目,还能让他们在协作中充分发挥各自的学科优势。比如,在一个虚拟的建筑设计项目中,建筑学、工程学和环境科学的学生可以共同探讨和解决问题,各自运用所长,共同完成项目。这种跨学科的合作形式不仅让学生更加全面地理解问题,还促进了不同学科知识的交叉融合,提升了他们的综合应用能力。

虚拟现实中的跨地域、跨学科合作还大大丰富了学生的知识视野。在与不同背景的同伴合作过程中,学生会接触到不同的文化、思维方式和学术观点。这种多元化的团队合作,促使学生在解决问题时能够考虑到多方面的因素,从而形成更加全面和深入的解决方案。比如,来自不同文化背景的学生可能在面对同一问题时,会提出不同的解决思路和方法,而这些不同的观点碰撞,往往能够激发出创新的火花,带来更加独特和有效的解决方案。虚拟现实环境下的跨地域、跨学科合作还培养了学生在多元文化和学科背景下的团队协作能力。通过在 VR 中与不同背景的同伴合作,学生能够学会如何在多元文化环境中进行有效沟通和协作。这种合作要求学生在尊重彼此差异的基础上,充分发挥团队成员的各自优势,共同解决问题。这种合作经验对学生未来在全球化背景下的职业发展极为有益,因为他们不仅需要具备专业知识,还需要有能力在跨文化团队中工作和合作。通过 VR 中的跨地域、跨学科合作,学生在锻炼自己专业技能的同时,也在不断提升其沟通、协调和团队合作的能力,可以为未来的职业生涯打下坚实的基础。

(三) 提升学生的互动与沟通能力

虚拟现实技术在教育中的应用,尤其是在提升学生互动与沟通能力方面,展现出独特的优势。虚拟现实环境通过创造高度沉浸的学习空间,使学生能够通过虚拟化身(Avatars)进行互动。在这种环境中,学生不再局限于传统课堂的静态交流,而是能够以更加动态和多样的方式与同学和教师沟通。例如,学生可以通过虚拟化身进行面对面的讨论,使用手势、表情和语音等多种交流方式来表达自己的观点。这种沉浸式互动体验,使学生在虚拟环境中感到更加自在和放松,从而更加自然地参与到课堂讨论中,增强了他们的表达欲望和沟通自信心。不仅如此,虚拟现实的互动性为学生提供了更多元的沟通方式。学生可以通过使用虚拟工具进行协作,这种互动不仅限于语言交流,还可以通过操作虚拟物体、演示实验过程或模拟场景等方式来传递信息。这种多样化的互动形式,有助于打破语言和文化的障碍,让学生通过共同的实践活动来增进理解。例如,在虚拟实验室中,学生可以通过协作完成复杂的科学实验,彼此分享实验数据和观察结果,这种实操性的互动不仅增强了学生的动手能力,还培养了他们的团队协作精神和跨文化沟通技巧。通过这些互动,学生能够更深刻地理解教学内容,并在团队中形成更紧密的合作关系。

通过在虚拟环境中与同学和教师的互动,学生能够学会如何清晰地表达自己的观点,并在不同的情境下灵活调整沟通方式。例如,学生可以在虚拟团队会议中学习如何有效地组织和表达自己的意见,并通过虚拟化身观察其他成员的反应,从中获得即时反馈。这种即时反馈机制使学生能够迅速调整自己的表达方式,以更好地适应团队的需求和互动节奏。此外,虚拟现实中的沉浸感也鼓励学生更多地参与到讨论中,使他们在表达观点时更加自信和主动,这对提升他们的沟通能力具有长期的积极影响。在虚拟现实环境下的协作教学中,学生不仅学会了如何表达自己,还培养了倾听和协调的能力。有效的沟通不仅仅是表达自己的观点,还包括倾听他人的意见,理解并尊重不同的观点。通过虚拟现实中的团队合作,学生需要不断与团队成员进行沟通,倾听他们的想法,并在此基础上进行协作。这种沟通过程中的倾听和反馈,有助于学生更好地理解团队的整体目标,并协调各成员的工作进度和方法,从而形成更加紧密和有效的协作关系。虚拟现实环境的沉浸感使得这种协作更加真实,学生在团队中可以逐渐学会如何在多样化的团队中找到自己的定位,并通过有效沟通来实现共同目标。

(四)提供个性化与即时反馈的学习支持

虚拟现实技术在教育中的应用,不仅拓宽了教学的方式,也在提供个性化与即时反馈的学习支持方面展现出巨大的潜力。在 VR 环境下,教师能够通过实时记录学生的学习过程来获取详尽的数据。这些数据包括学生在虚拟环境中的操作记录、决策路径以及互动行为等,能够全面反映学生的学习表现。通过对这些数据的分析,教师可以快速识别学生在学习过程中遇到的困难和错误,并即时生成有针对性的反馈信息。这种实时的数据跟踪与分析,为教师提供了深刻洞察学生学习过程的工具,使得个性化的指导变得更加精准和有效。VR 技术为教师提供了一个灵活的反馈平台,能够根据学生的不同需求提供个性化的学习支持。每个学生的学习节奏、理解能力和兴趣点都不同,传统的教学模式往往难以照顾到每个学生的个体差异。教师可以根据实时反馈的数据,为每个学生制定个性化的学习方案。例如,如果某个学生在特定操作中反复出错,教师可以立即提供专门的练习或提示,帮助其纠正错误,理解相关概念。这种个性化的即时反馈不仅有效地填补了学生的知识空白,还帮助他们更快地掌握学习内容,从而提升整体的学习效果。

不同的学生可能在协作过程中表现出不同的优势和不足。通过 VR 技术的支持,教师可以随时介入,为每个团队成员提供有针对性的指导。比如,教师可以根据学生在团队中的表现,实时提供沟通技巧的建议或任务分配的优化方案,帮助团队更有效地运作。这种有针对性的指导不仅提高了团队协作的效率,也让学生在协作中得到了更多的学习机会,从中培养出更强的团队合作能力和问题解决能力。个性化与即时反馈不仅在帮助学生改进学习策略方面发挥了重要作用,还极大地激发了学生的学习动机和兴趣。VR 技术的沉浸式体验已经为学生创造了一个高度参与的学习环境,而个性化的即时反馈进一步增强了学生在学习过程中的主动性。当学生能够及时获得反馈,并看到自己的进步,他们的学习兴趣往往会大大提高。这种及时的正面反馈不仅鼓励学生继续努力,还帮助他们保持高涨的学习热情,从而在整个学习过程中保持积极的态度。反过来,学生的积极参与又促进了更深层次的知识理解与应用,形成了一个良性循环。

VR 环境中的个性化与即时反馈能够显著推动深层次的知识理解和应用。传统的教学反馈往往滞后,学生在获得反馈时,可能已经过了最佳的改进时机。而在 VR 环境中,教师能够在学生操作和决策的关键时刻提供即时的指导,使学生能够立刻调整思路和策略。这种即时的纠正和指导,能够有效防止学生在错误的路径上越走越远,同时也为他们提供了及时巩固正确知识的机会。随着时间的推移,这种持续的即时反馈将帮助学生在复杂的学习任务中建立更强的知识体系,并将这些知识灵活地应用于各种情境中。

第四节 虚拟现实技术推动的教学模式创新

一、沉浸式体验增强学习效果

(一) 提升学习参与度和注意力

虚拟现实技术通过逼真的三维环境,将学生完全沉浸在学习情境中,显著提升了他们的参与度和注意力。在传统课堂中,学生容易受到外界干扰而分心,而虚拟现实的沉浸感则能够将学生的注意力牢牢吸引在学习内容上。例如,在虚拟现实中的科学实验课,学生需要亲自操作虚拟实验设备,观察实验结果,这种高度互动的体验不仅让学生全身心投入,还促使他们更积极地参与到学习活动中,提升了学习效率和效果。

(二) 增强对抽象概念的理解

虚拟现实环境下的沉浸式学习能够将抽象的理论和概念具象化,帮助学生更好地理解复杂内容。[①] 比如,在生物学课堂中,学生可以通过 VR 技术"进入"细胞内部,直观地观察细胞器的结构和功能,这种视觉化的学习方式使得学生能够更容易地理解细胞的复杂运作机制。同样,在物理课上,学生可以通过虚拟现实体验不同力作用下的物体运动,从而更加深入地理解物理定律。这种沉浸式教学使得复杂的抽象概念变得更加直观和易懂,增强了学生的理解力。

---

① 陈巧兰. 试论虚拟现实技术在科普教育中的研究与实现 [J]. 科技创新与应用, 2015 (24): 300.

（三）促进长期记忆的形成

沉浸式学习体验不仅有助于理解，还能够有效促进长期记忆的形成。虚拟现实中的情境化学习使得学生能够在高度真实的环境中实践所学知识，这种亲身经历式的学习方式比单纯的阅读或听讲更容易在学生脑中留下深刻印象。例如，学生在虚拟战场中学习军事战略，通过模拟作战情况，亲身参与到决策和战术执行中，这种生动的体验能够让学生在较长时间内记住所学内容。长期记忆的形成，不仅有助于学生在考试中取得好成绩，也为他们未来的学术和职业发展奠定了坚实的知识基础。

（四）激发学习兴趣和动机

虚拟现实技术所提供的沉浸式体验能够极大地激发学生的学习兴趣和动机。通过身临其境互动和探索，学生会在学习中体验到更多的乐趣和成就感。例如，学生可以"亲历"历史事件，通过参与虚拟环境中的场景重现，探索历史发展过程中的关键时刻和决策。这种身临其境的体验使得学习过程不再枯燥乏味，而是变得充满挑战和吸引力。学习兴趣和动机的提升，使得学生在课堂内外都愿意投入更多时间和精力，从而进一步提高学习效果和成果。

二、促进跨学科协作与整合

（一）提供多学科知识的无缝整合

虚拟现实技术通过创建综合性虚拟环境，使得多学科知识能够无缝整合在一起，为学生提供了一个全面学习的平台。不同学科的知识往往是分割开的，学生难以在实际应用中将其整合。通过 VR 技术，学生可以在一个虚拟环境中同时学习和应用来自不同学科的知识。例如，在虚拟城市规划项目中，学生可以同时运用建筑学、环境科学和社会学的知识来设计城市的各个方面。这种整合性的学习模式，可以帮助学生打破学科之间的界限，使他们能够更全面地理解和应用知识。

（二）提高学生的综合思维能力

跨学科的虚拟现实教学环境鼓励学生从多个学科的视角出发，分析和解决问题，这对培养综合思维能力至关重要。学生在一个虚拟项目中，需要考虑来自不同领域的因素，并将其整合到一个整体解决方案中。例如，在设计一个虚拟城市时，学生不仅需要考虑建筑的美观和功能性，还要考虑环境的可持续性和社会的和谐发展。这种多维度的思考方式，有助于学生形成系统性、全面性的思维能力，使他们在面对复杂问题时，能够从多个角度进行分析和决策。

（三）增强学生的团队协作技能

虚拟现实中的跨学科项目通常需要学生以团队的形式进行合作，这种合作不仅跨越学科界限，还促进了不同背景和专业的学生之间的协作。这种团队协作模式，不仅让学生学会了如何在多学科背景下协调工作，还提高了他们的沟通和合作能力。学生能在合作中互相学习，取长补短，从而提升整体的项目质量和学习效果。

（四）培养解决实际问题的能力

虚拟现实技术提供的跨学科协作与整合模式，让学生能够将所学知识应用于能解决实际问题。这种应用性学习模式不仅增强了学生的实际操作能力，还使他们的学习变得更加具有现实意义。例如，在虚拟生态城市设计项目中，学生需要运用建筑学来设计城市布局，运用环境科学来优化资源使用，并结合社会学来确保城市的社会结构合理和公平。这种实战型的学习体验，使学生在校期间就能够接触到现实世界中的复杂问题，并通过跨学科的协作，培养出解决实际问题的能力，为未来的职业发展做好充分准备。

三、实现个性化学习路径

（一）允许学生按照自己的节奏学习

虚拟现实技术支持学生按照自己的学习节奏探索知识，这种灵活性使得个性化学习变得更加实际和高效。学生往往需要跟随班级的整体进度，有时会感到太快或太慢，而 VR 环境下的学习允许学生根据自己的理解速度进行深入探究。学生可以花更多的时间在他们感到困难的概念上，或者快速通过他们已经掌握的部分。例如，在虚拟现实中的编程学习，学生可以自主选择任务的难度，并在需要时反复练习某些技巧，这种按需调节的学习方式提高了学习效率，使得学习更加符合学生的个人节奏和需求。

（二）提供即时个性化反馈

虚拟现实环境下，教师可以通过实时监控学生的学习进展，提供即时的个性化反馈和指导。当学生遇到困难时，VR 系统可以迅速识别并提示教师进行干预，提供适时的帮助。例如，学生在编程任务中遇到错误时，系统可以提示错误的具体原因，并建议可能的解决方案，教师也可以立即介入，为学生提供有针对性的指导。这种即时反馈机制不仅有助于学生及时纠正错误，还能帮助他们更好地理解和掌握学习内容，避免长时间的困惑和挫败感。

（三）提高学习动力和效率

个性化学习路径能够更好地满足学生的个体需求，从而提升他们的学习动力和效率。虚拟现实技术通过提供适应性学习环境，让学生感受到学习过程中的挑战和成就感。例如，学生在完成一个具有挑战性的虚拟现实任务后，系统可以给予积极反馈和奖励，进一步激励他们继续学习。这种即时的成就感和正向反馈，能够极大地增强学生的自信心和学习兴趣，促使他们更加积极主动地投入学习中，从而显著提高整体学习效果和效率。

四、提升互动与协作学习

（一）多感官互动增强学习体验

虚拟现实技术通过虚拟化身、语音、手势等多种互动方式，提供了多感官的学习体验，使学生能够更加深入地参与到学习过程中。互动往往局限于语言交流，而虚拟现实环境允许学生通过多种感官途径进行互动。例如，学生可以在虚拟实验室中通过手势操作虚拟设备，或在虚拟会议中使用语音与同学交流。这种多感官的互动不仅使得学习更加生动和有趣，还增强了学生对学习内容的理解和记忆，有助于他们更好地掌握知识。

（二）实时协作提高团队合作能力

虚拟现实环境中的互动方式极大地促进了学生之间的协作学习。在 VR 中，学生可以通过虚拟工具一起完成复杂的项目，如设计建筑、开发软件或模拟科学实验。这种实时的协作使得学生能够立即看到彼此的操作和反应，从而快速调整自己的策略和行动。通过这种高效的团队合作，学生不仅提高了沟通能力，还学会了如何在团队中分工合作，协同解决问题。这种协作能力在未来的学术和职业生涯中都将是至关重要的技能。

（三）虚拟空间中的全方位互动

虚拟现实技术创造了一个全方位的互动学习环境，打破了传统课堂的物理限制。在虚拟空间中，学生可以自由移动、观察和操作，参与到各种互动活动中。这种全方位的互动不仅增加了学习的灵活性，还能让学生更深入地参与到讨论和项目中。例如，在一个虚拟的考古现场，学生可以一起探索遗迹，讨论发现，并通过虚拟工具进行现场分析。这种全方位的互动模式，使得学习不再局限于听讲，而是转变为一个动态的、参与式的过程，有助于激发学生的学习兴趣和创造力。

（四）提升沟通与协作解决问题的能力

通过虚拟现实中的互动学习，学生的沟通能力和协作解决问题的能力得到了显著提升。在虚拟团队中，学生需要通过清晰的沟通来表达自己的想法，并通过协作来解决项目中遇到的各种问题。这种互动要求学生在表达自己观点的同时，也要学会倾听他人的意见，并在团队中找到最佳的解决方案。虚拟现实环境下的互动学习不仅培养了学生的团队精神，还提高了他们在面对复杂任务时的协调和解决问题的能力，从而提升了整体的学习效果和团队效能。

五、促进远程与全球化教育

（一）打破地域和时间的限制

虚拟现实技术打破了传统教育中地域和时间的限制，使得远程教育和全球化学习更加灵活和便捷。学生可以随时随地与来自世界各地的同学和教师进行互动和学习，无需受到地理位置的制约。这种灵活性使得教育资源可以更广泛地传播，学生不再受限于本地的教学条件，而是能够参与全球范围内的优质课程和项目，享受到更加丰富和多样化的学习体验。

（二）促进跨文化交流与合作

虚拟现实技术为学生提供了一个跨文化交流的平台，使得全球各地的学生可以在同一个虚拟空间中共同学习和合作。在VR中，学生可以与不同文化背景的同龄人一起参与项目开发和讨论，这种跨文化的合作使得学生能够更深入地理解和尊重多样化的文化视角。例如，在一个全球化的虚拟课堂上，学生可以探讨各国的环境政策，分享各自国家的实践经验，这不仅拓宽了他们的知识面，还培养了他们的跨文化沟通和协作能力。

（三）拓宽国际视野

学生能够接触到全球不同地区的教育资源和实践经验，极大地拓宽了他们的国际视野。在传统的教育模式中，学生的视野往往局限于本国的教材和教师，而虚拟现实技术使得学生可以直接参与到全球化的学习中，与来自不同国家的教师和专家进行交流。例如，学生可以参加国际性的虚拟研讨会，听取来自不同领域的国际专家的讲座，这种全球化的学习体验有助于学生更好地理解全球性问题，培养其全球公民意识。

（四）增强全球化发展所需的技能

虚拟现实环境中的远程教育和全球化学习，不仅提供了知识和文化的交流平台，还帮助学生发展适应全球化社会所需的技能。通过在虚拟现实中与全球同龄人合作，学生可以提高他们的跨文化沟通能力、团队合作能力以及解决复杂问题的能力。这些技能在全球化背景下尤为重要，能够帮助学生更好地应对未来的国际化工作环境，为他们的职业发展打下坚实的基础。同时，这种全球化的学习经历也增强了学生的适应性，使他们能够更从容地面对不同文化和背景的挑战。

六、支持实践与实验教学

（一）提供安全的实践环境

虚拟现实技术为学生提供了一个安全的实践环境，尤其在涉及复杂或高风险操作的学科中，虚拟现实的优势尤为明显。例如，医学专业的学生可以在虚拟手术室中进行手术练习，模拟真实的手术过程，而无需担心对患者的安全造成威胁。在这种虚拟环境中，学生可以反复操作，熟悉手术步骤和技术，从而在现实操作中减少失误。这种无风险的实践机会不仅提高了学生的操作技能，还增强了他们在现实环境中进行实际操作的信心。

（二）降低实验成本与资源消耗

传统实验教学往往需要高昂的成本和大量的资源，如实验器材、材料和实验场地等，而虚拟现实技术能够有效降低这些成本。学生可以进行各种实验操作而无需消耗实际材料，这不仅节省了学校的教学资源，还减少了实验过程中可能产生的浪费和环境影响。例如，工程学学生可以在虚拟工厂中模拟生产流程，测试不同的生产方案，而不需要动用昂贵的设备和材料。这种低成本的实验模式，使得实践教学变得更加可持续和经济高效。

（三）提高实验教学的灵活性和可操作性

虚拟现实技术增强了实验教学的灵活性和可操作性，使学生能够在虚拟环境中轻松进行各种复杂实验。传统实验教学受限于实验室的物理空间和设备，而虚拟现实技术突破了这些限制，允许学生在任何时间、任何地点进行实验操作。此外，学生还可以在虚拟实验中进行多次尝试和探索，从而深入理解实验原理和步骤。例如，化学专业的学生可以在虚拟实验室中模拟不同的化学反应，观察反应的全过程，并反复测试不同的实验条件。这种灵活的实验模式大大提高了学生的学习效率和实验能力。

（四）积累宝贵的实践经验

虚拟现实技术为学生提供了丰富的实践机会，使他们能够在虚拟环境中积累宝贵的实践经验，为应对现实中的挑战做好准备。通过在虚拟现实中进行模拟操作，学生可以在没有实际压力的情况下熟练掌握各种技能。例如，航空专业的学生可以在虚拟飞行模拟器中进行飞行训练，模拟各种飞行场景和突发事件，从而积累应对实际飞行中各种情况的经验。这种虚拟实践的积累，使学生在进入现实工作环境时，能够更加自信和从容地应对复杂的实际问题和挑战。

第四章　虚拟现实技术对学生学习的影响

第一节　虚拟现实对学生学习兴趣的激发

一、提供身临其境的学习体验

（一）增强感官参与

虚拟现实技术的应用在教育领域，尤其在增强感官参与方面，展现了巨大的潜力。通过逼真的视觉模拟，虚拟现实能够将抽象的概念和复杂的内容转化为直观的图像和场景，使学生能够"亲眼"看到他们正在学习的内容。相比于传统的平面教材，虚拟现实提供了更加生动和具体的视觉体验。例如，学生可以通过虚拟现实"进入"一片热带雨林，观察其中的生态系统，这种视觉上的沉浸感使得他们不仅能够学习理论知识，还能够在虚拟环境中直观地观察和体验。这种视觉上的真实感不仅让学习内容变得更加具体，还能有效帮助学生建立起更加深刻和持久的记忆。[1] 除了视觉体验，虚拟现实技术还通过高度逼真的听觉模拟来进一步增强学生的学习效果。学生不仅能够看到场景，还能够听到与之相对应的声音，这种声音可能是环境音效、角色的对话，甚至是实验中的声响。例如，在学习物理中的声波传播时，学生可以在虚拟现实中体验不同材料对声音传播的影响，通过耳朵"听到"声音的变化，这种真实的听觉体验有助于他们更好地理解和掌握相关概念。听觉的参与不仅丰富了学习的感官维度，还能够通过音效提示帮助学生聚焦于重要的学习内容，从而提高学习的专注度和效果。

虚拟现实技术还通过触觉模拟进一步深化了学生的学习体验。在一些高级的虚拟现实系统中，学生可以通过触觉设备感知虚拟物体的质感，如表面的粗糙程度、温度变化等。这种触觉参与对学习效果的提升具有重要意义，尤其是在涉及实际操作的学科中。例如，医学专业的学生可以通过触觉设备在虚拟手术中感受到手术器械与人体组织的接触感，这种模拟操作不仅能够帮助他们提高技术熟练度，还能增强他们在现

---

[1] 许爱军，张文金，易丹. 基于虚拟现实技术的远程教育平台研究与实现 [J]. 计算机系统应用，2007（8）：23-26.

实操作中的信心。同样，在工程学中，学生可以通过虚拟现实中的触觉反馈来模拟材料的加工过程，感受不同材质的特性和加工难度，这种体验有助于他们更好地掌握工程设计中的实际问题。虚拟现实中的多感官参与使得学习过程不再局限于视觉和听觉的简单叠加，而形成了一种全方位的沉浸式体验。这种全方位的感官参与能够激发学生对学习内容的浓厚兴趣，促使他们更加主动地参与到学习过程中。当学生通过虚拟现实技术感受到逼真的视觉场景、真实的环境音效和具体的触觉反馈时，他们的学习体验将变得更加丰富和有趣。这样的学习方式不仅增强了他们对知识的理解和记忆，还能激发他们进一步探索的欲望。

多感官的参与在增强记忆和理解方面的效果也得到了教育研究的广泛支持。研究表明，当学生在学习过程中能够通过多种感官获取信息时，信息的加工和记忆效果会显著提高。虚拟现实技术通过多感官的参与，使学生能够在学习中形成更为强烈和持久的记忆。例如，学生在虚拟现实中的一次完整的科学实验模拟，可能比他们在传统课堂上的几次实验演示更为深刻，这种沉浸式的多感官体验使得知识点不仅仅停留在书本上，而是深刻地印在学生的脑海中，形成了长久的记忆痕迹。

（二）构建虚拟场景，增强情境感知

虚拟现实技术正逐渐成为现代教育中的一项重要工具，其独特之处在于它能够将抽象的知识和复杂的概念转化为具体的、可视的虚拟场景，使学生能够更直观地理解和掌握学习内容。例如，虚拟现实可以让学生"置身"于历史事件的现场，目睹那些改变历史的关键时刻，甚至可以与虚拟的历史人物进行对话和互动。这种高度沉浸式的情境体验，不仅让学生感受到历史的真实脉动，还能激发他们对历史学习的浓厚兴趣，从而在理解和记忆历史事件时更加深入和透彻。

学生们可以"进入"微观世界，观察分子和原子等微观粒子的运作过程，从而获得比传统书本或二维视频更加直观的学习体验。这种具体而形象的场景再现，使得原本复杂抽象的科学概念变得生动而易于理解，有助于学生更加牢固地掌握知识，从而提升学习的效果。此外，虚拟现实还能帮助学生模拟实验和探索未知领域，在虚拟的实验室中进行试验和操作，不仅减少了实验中的风险，还能让学生在实践中加深对科学原理的理解。

不同于传统的教学模式，虚拟现实技术所带来的这种沉浸式情境学习方式，能够有效地弥补课堂教学中情境感缺失的问题。在传统的教育中，学生往往只能通过课本和教师的讲解来了解知识，缺乏直观的感知和体验。而虚拟现实技术则打破了时间和空间的限制，将学习的内容"具象化"，使学生能够亲身参与到学习中去。这不仅提升了学习的趣味性，也增强了学生的主动学习意识，使他们能够在更加真实的情境中进行探究和思考，进而提高学习的深度和广度。

（三）激发好奇心与探索欲望

虚拟现实技术所带来的沉浸式体验，为激发学生的好奇心和探索欲望提供了一个全新的平台。在这个平台上，学生得以进入一个充满未知和挑战的虚拟环境，自然而然地会产生强烈的探索冲动。这样的环境不仅仅是传统课堂教学无法企及的，它打破了学生与知识之间的隔阂，使学生在虚拟的世界中，通过自己的努力和探索，不断解锁新的知识和技能。例如，学生可以通过虚拟现实深入浩瀚的宇宙空间，探索行星、恒星以及星系的奥秘。这种体验不仅让学生在探索中增长见识，还能激发他们对宇宙学的浓厚兴趣，使得原本可能枯燥的天文学知识变得生动有趣，从而提升学习效果。虚拟现实技术还为学生提供了无与伦比的历史和文化体验。通过进入虚拟考古现场，学生可以亲自"挖掘"古代遗迹，分析文物，甚至还可以模拟考古学家的工作流程。这种与真实世界极为接近的体验，使学生能够在实际操作中学习历史与考古学知识，从而激发他们对人类过去的强烈好奇心与探索欲望。在这个过程中，学生不仅能够加深对历史文化的理解，还能培养他们的批判性思维和问题解决能力，因为每一项考古发现都需要学生通过思考和分析来解读其历史意义。

　　虚拟现实技术带来的探索性学习，能够有效地增强学生的自主学习能力。与传统的被动学习方式不同，虚拟现实中的学习更像是一次主动的冒险。学生需要依靠自己的判断和行动来解决遇到的各种问题，这种学习方式能够激发他们的自主性和积极性。当学生在一个充满未知的虚拟环境中不断探索时，他们往往会产生强烈的求知欲望，希望通过自己的努力去解答心中的疑惑，揭开知识的面纱。这种积极主动的探索行为，不仅提高了学生的学习效果，还能培养他们面对未知领域时的勇气和毅力，从而为未来的学习打下坚实的基础。虚拟现实还能够为学生提供即时的反馈，这在激发探索欲望方面起到了关键作用。当学生在虚拟环境中完成某项任务或解锁某个知识点时，系统会给予即时的反馈和奖励。这种正向反馈机制能够有效增强学生的成就感，从而进一步激发他们的探索欲望和学习动机。例如，当学生成功解开一个复杂的科学难题或找到一个隐藏的考古遗迹时，虚拟现实系统会通过视觉或音效的形式给予肯定和奖励，这种反馈不仅会使学生感受到学习的乐趣，还能促使他们更加积极地参与到后续的学习活动中。

三、增强互动性和参与感

（一）虚拟现实技术提供的多种互动方式

　　虚拟现实技术以其丰富的互动方式，为现代教育注入了新的活力。这些互动方式不仅让学习过程更加生动，还极大地提升了学生的参与感和学习效果。例如，通过手势控制，学生能够直接与虚拟对象进行互动，这种方式让学生能够在虚拟环境中"触摸"知识，进而加强对学习内容的理解和记忆。手势控制的直观性使得学生可以更为自然地操作虚拟工具，从而提高了动手能力，这种动手实践对一些复杂的概念和操作性强的学科尤其重要，如科学实验或工程设计。学生在虚拟环境中通过手势控制完成实验操作，不仅能在无风险的情况下进行实验，还能在实际操作中加深对理论知识的理解。另外，语音指令的应用为虚拟现实技术中的交互方式提供了更自然的接口。在传统的学习环境中，学生与教学内容之间的互动往往受到媒介的限制，比如通过键盘或鼠标操作，这种方式相对机械且间接。而语音指令的引入，使得学生能够直接通过语言与虚拟系统交流，这种交流方式不仅贴近学生的日常生活习惯，还能够提高信息传达的效率。例如，在虚拟现实中的语言学习环境里，学生可以通过语音指令来触发特定的教学内容，或与虚拟角色进行对话练习，这种互动方式能让语言学习更加自然和生动，同时也能帮助学生提高口语表达能力。语音指令的自然交互特性，有助于降低学生在学习过程中的心理压力，使他们更加专注于学习内容本身。

通过创建和操控虚拟化身，学生能够在虚拟世界中"扮演"不同的角色，体验各种情境中的任务和挑战。这样的体验不仅能让学习过程更加具有沉浸感，还能培养学生的角色意识和多任务处理能力。例如，在虚拟现实中的历史课程里，学生可以通过虚拟化身进入历史情境，化身为古代人物，亲历历史事件的发生。学生不仅是历史知识的学习者，还是历史事件的参与者，这种深度参与的体验能够有效增强学生对历史的理解和记忆。同样地，学生可以通过虚拟化身"化身"为外科医生，进行虚拟手术，这种沉浸式的学习方式让学生在"亲身"操作中积累经验，为未来的实际操作打下基础。虚拟现实技术所提供的这些多样化的互动方式，不仅打破了传统教学中教师讲授、学生被动接受的模式，还让学生成为学习的主动参与者。学生通过动手操作、语音指令和使用虚拟化身，能够更加积极主动地参与到学习过程中去。这种主动参与的方式，不仅提升了学生的学习兴趣，还让他们在学习中能够更加专注和投入。这种高度参与的学习模式，显著提高了学习的效果，也让学生在学习过程中获得了更多的乐趣和成就感。

（二）增强学生的参与感

虚拟现实技术的应用显著提升了学生的参与感。与传统教学模式相比，虚拟现实为学生提供了一个更加动态和互动的学习环境。在传统课堂上，学生往往仅仅是被动地接受知识，通过听讲和做笔记来理解内容，参与度较低。然而，虚拟现实技术通过提供动手操作和与虚拟对象的互动，让学生在学习中变得更加主动和积极。这种改变不仅打破了传统教学中学生的被动角色，还使得他们在学习过程中更加专注和投入，从而增强了学习的参与感。学生需要通过动手实践来完成学习任务，这一过程极大地增强了他们的参与感。例如，学生可以亲自进行化学实验，通过混合虚拟化学试剂并观察其反应结果。这种实践性强的学习方式，不仅让学生在操作中加深了对知识的理解，还让他们在实验过程中体会到学习的乐趣。这种乐趣来源于他们能够亲自操作、直接观察到实验结果，并且这种观察是即时的、直观的，能够有效地促进他们对知识的掌握和内化。

虚拟现实技术提供了一个能够多人同时在线互动的平台，进一步增强了学生的参与感。学生不再是孤立的个体，而是可以与其他同学或虚拟导师进行实时互动和合作。例如，在虚拟课堂中，学生可以与同学一起解决问题，进行小组讨论，甚至可以通过竞争来激发学习动力。这种互动不仅丰富了学习的内容，还能够促进学生之间的协作精神和团队意识。在合作中学习，学生能够从他人的视角中获得不同的理解和思路，这种多元化的学习体验有助于他们更全面地掌握知识。而在竞争中成长，学生可以通过与他人比拼来激发自己的潜力，这种良性的竞争氛围能够促使他们更加努力和专注于学习。传统课堂中的抽象概念和理论，往往让学生难以产生兴趣和共鸣，而虚拟现实能够将这些抽象的知识具体化，转化为可感知的虚拟场景，使学生能够亲身体验。例如，在虚拟历史课上，学生可以"进入"某个历史时期，亲眼见证历史事件的发生，这种沉浸式的体验让学生感受到学习内容的真实和紧迫感，从而更加投入地参与到学习中去。虚拟现实技术能够有效地将学生带入一个他们之前无法接触的世界中，激发他们的好奇心和求知欲，使得学习变得更加具有吸引力和意义。

（三）激发学生的学习兴趣

虚拟现实技术通过其高度互动的学习方式，为激发学生的学习兴趣提供了强有力的支持。这种学习方式打破了传统课堂中枯燥单一的教学模式，将学习转变为一种充满乐趣和挑战的互动体验。例如，学生不再仅仅是听讲和记忆，而是可以通过参与各种游戏化的学习活动来掌握知识。解谜、任务挑战等互动元素的加入，使得学习过程变得充满吸引力。学生在解决一个个挑战的过程中，往往会感到成就感，这种成就感反过来激发了他们的好奇心和求知欲，促使他们在愉悦的氛围中更加主动地学习。虚拟现实技术通过即时反馈机制，增强了学生在学习过程中的自信心和探索欲望。在传统的学习模式中，学生往往需要等待一段时间才能知道自己是否掌握了知识点，这种延迟反馈可能会导致学生的学习兴趣逐渐减弱。然而，学生可以在完成任务或操作后立即获得反馈。这种即时反馈不仅让学生清楚地知道自己在哪些方面做得好，还能及时指出需要改进的地方。同时，虚拟现实环境中的学习通常没有惩罚机制，学生可以在失败后立即重试。这种无压力的学习环境鼓励学生大胆尝试新方法和新思路，不断进行自我挑战和探索，从而在反复实践中激发出更强烈的学习兴趣。

虚拟现实的沉浸式体验使学生更加投入于学习，进一步增强了他们的学习动机。学生可以身临其境地体验学习内容，这种沉浸感使得学习不再是一项单调的任务，而是一场丰富多彩的冒险。例如，在虚拟现实中的地理课程里，学生可以"旅行"到世界各地，体验不同的自然景观和文化背景。通过这种沉浸式的学习方式，学生能够在亲身体验中感受到知识的魅力，从而激发他们对学习的兴趣。这种由好奇心驱动的学习动机，不仅让学生在虚拟现实环境中更加积极地投入学习，还能促使他们在课后继续探索相关内容，形成一种持续的学习习惯。虚拟现实技术还具有强大的个性化学习潜力，这进一步促进了学生的学习兴趣。虚拟现实技术可以根据学生的表现和偏好，动态调整学习内容和难度，使得每个学生都能够在适合自己的节奏下学习。例如，系统可以为某些学生提供更具挑战性的任务,而为另一些学生提供更多的指导和支持。这种个性化的学习体验,不仅让学生感到学习内容更加贴近自己,也增强了他们的学习动力,促使他们在学习过程中保持积极性。

四、实现个性化学习体验

(一)提供个性化学习路径

虚拟现实技术的引入为教育领域带来了全新的可能性,尤其在个性化学习路径的支持方面,展现出了巨大的潜力。这种技术为学生提供了一个高度灵活的学习环境,使他们能够根据个人兴趣和需求,自由定制学习内容和路径。在传统教育模式下,学生往往需要遵循统一的课程安排,尽管这种安排可以确保知识的系统传授,却难以满足每个学生独特的学习需求和兴趣爱好。虚拟现实技术则打破了这一限制,为学生创造了一个更加开放和自由的学习空间,学生可以在其中自主选择感兴趣的主题,并按照自己的节奏进行深入探索。虚拟现实技术所支持的个性化学习路径,不仅体现在内容选择的自由度上,还体现在学习进度的灵活性上。学生通常必须遵循统一的教学进度,这种"一刀切"的方式容易导致学生在学习过程中产生压力,尤其是当他们的学习速度与课堂进度不一致时,这种压力可能会转化为焦虑感。虚拟现实环境则允许学生根据自身的学习习惯和需求,自主调整学习进度。例如,学生可以在理解困难的知识点时,花更多的时间进行反复练习和探索,直到彻底掌握为止;相反,对已经掌握的内容,学生可以选择快速浏览或跳过,从而节省时间。这种灵活性使得学生能够更加自主地掌控学习过程,有效减少了因进度不一而带来的压力和焦虑。

虚拟现实技术还通过个性化的学习路径,帮助学生找到更多的学习乐趣和成就感。当学生能够自由选择学习内容,并按照自己的节奏进行探索时,他们往往会感到学习过程更加贴近自身的兴趣和需求。这种学习方式能够激发学生的内在动机,使他们更加愿意投入时间和精力去探索知识。例如,一个对天文学感兴趣的学生可以在虚拟现实中探索宇宙的奥秘,观测星系、行星和其他天体的运行规律。这种身临其境的学习体验,不仅让学生在学习过程中感受到乐趣,还能带来极大的成就感。当学生通过自主学习不断掌握新知识并解决难题时,他们会更加自信,进一步激发学习的热情。此外,虚拟现实技术的个性化学习路径还能够为不同学习风格和需求的学生提供更加精准支持。例如,对视觉学习者,虚拟现实可以提供更多的视觉化学习材料;对需要更多动手实践的学生,系统可以增加互动和实验环节。通过这种个性化的支持,每个学生都能够在最适合自己的环境中进行学习。

(二)提供激发学生兴趣的个性化学习内容

虚拟现实技术可以为学生提供前所未有的个性化学习体验,尤其在激发学习兴趣方面展现了显著优势。虚拟现实技术允许学生在虚拟环境中深入探索他们感兴趣的主题,打破了传统教育中单一、统一的教学内容安排。例如,课程内容往往按照既定的教学大纲展开,虽然能够系统地传授知识,但难以兼顾每个学生的兴趣爱好。而虚拟现实技术则为学生提供了一个自由选择的学习空间,学生可以根据自己的兴趣,深入探索特定的主题和领域,从而大大激发他们的学习兴趣。虚拟现实技术通过高度沉浸式的体验,使学生能够以一种全新的方式接触到感兴趣的知识领域。例如,一个对海洋生物学充满兴趣的学生,可以借助虚拟现实技术"潜入"海洋深处,亲自观察各种海洋生物及其生态系统。在这个虚拟环境中,学生不仅能够看到海洋生物的外观,还能观察它们的行为、习性以及与环境的互动。这种身临其境的体验,使得抽象的知识变得具体、生动,从而极大地激发了学生的学习热情。相比传统的教材或视频资料,这种沉浸式的学习方式更能让学生感受到知识的魅力,并促使他们更加主动地参与到学习中去。

虚拟现实技术所提供的个性化学习内容,不仅满足了学生的兴趣需求,还能增强他们的专注力和求知欲。学生往往被动接受统一的知识传授,容易因为缺乏兴趣而产生注意力分散的情况。而虚拟现实环境下,学生可以根据自己的兴趣自由选择学习内容,这种选择的自由度使得学生在学习过程中保持高度的专注力。例如,一个对古代文明感兴趣的学生,可以在虚拟现实中"游历"古代城市,探索遗址、参观博物馆、与虚拟历史人物互动。这种自由选择和深入探索的方式,使学生能够更加投入地学习,不仅提高了他们的学习效果,还培养了他们的自主学习能力。此外,虚拟现实技术通过提供丰富多样的个性化学习内容,进一步推动了学生对所学领域的深入探索。由于时间和资源的限制,学生对某一特定主题的学习往往浅尝辄止,很难进行深入研究和探讨。然而,学生可以无限制地深入探索自己感兴趣的主题。例如,一个对天文学感兴趣的学生,可以通过虚拟现实技术探索宇宙的奥秘,从行星到恒星,从星系到黑洞,每一个天文学的概念和现象都可以在虚拟环境中得到直观呈现。

(三)提供增强学习动力的个性化自主学习体验

学生通常被要求按照统一的时间表进行学习,然而,这种模式无法满足每个学生的个体需求。有些学生需要更多的时间来消化和理解复杂的概念,而另一些学生则可能已经熟悉了某些内容,却不得不在既定的课程节奏中浪费时间。虚拟现实技术改变了这一状况,其赋予了学生根据自身学习习惯和理解能力调整学习节奏的权利,从而使他们能够在学习过程中感到更加舒适。从另一个角度看,虚拟现实技术的个性化自主学习体验,让学生能够在需要时花更多的时间去攻克难点,而不必急于赶上统一的课程进度。传统课堂上,由于时间限制,学生往往无法深入理解某些复杂的概念,而是被迫在尚未完全掌握的情况下继续前进。这种情况容易导致知识点的累积问题,使得后续学习变得更加困难。虚拟现实环境则允许学生在理解难点时放慢节奏,反复操作和实践,直到他们真正掌握相关知识为止。这种自主掌控学习节奏的方式,不仅让学生在学习中减少了焦虑感，还增强了他们的信心，使他们更愿意投入时间和精力去探索。

虚拟现实技术使学生能够跳过那些他们已经掌握的内容，从而避免了不必要的重复学习。这种灵活性让学生在学习中感到更加有效率，并且能够将时间和精力集中在那些真正需要深入理解的知识点上。例如，学生可以选择直接跳过已经熟悉的基础知识，迅速进入更加高级的学习内容。这种学习模式避免了学生在重复性练习中感到无聊和倦怠，而是让他们始终保持学习的动力和热情。虚拟现实技术的自主学习体验，不仅提升了学生的学习效果，还培养了他们的自我管理能力。在没有固定时间表和统一节奏的约束下，学生需要学会如何合理安排学习时间，设定学习目标，并自主评估自己的学习进度。这种能力的培养，对于学生未来的学习和工作具有重要意义。随着他们在虚拟现实环境中逐渐掌握了自主学习的技巧，他们将能够更好地适应未来的学习挑战，并在不断变化的知识世界中保持竞争力。

五、创造新颖且富有挑战的学习场景

（一）构建新颖的学习场景

虚拟现实技术凭借其超越传统课堂的能力，正日益成为现代教育的重要工具。一个显著的优势在于，虚拟现实能够创建出传统教学方法无法实现的全新学习场景。这些场景不仅能够突破现实世界的物理和环境限制，还可以让学生全身心地沉浸在一个高度逼真的虚拟环境中，从而进行更加深度和互动性的学习。例如，许多复杂的科学实验由于成本高昂、风险较大或时间限制，在现实中难以实现。然而，学生可以在虚拟实验室中操作各种设备，亲眼观察实验现象，探索科学的基本原理。这种沉浸式的学习方式，使得原本抽象的科学概念变得更加生动具体，同时也大大激发了学生对科学的兴趣和好奇心。不仅如此，虚拟现实技术还能够为学生提供一种超越时间和空间限制的学习体验。学生们只能通过课本、图片或者视频来了解历史事件或地理景观，难以获得真实感。而在虚拟现实的帮助下，学生可以"穿越"到不同时代，置身于历史事件的现场，甚至可以与历史人物进行互动。这种时空穿越般的学习体验，不仅增强了学生对历史事件的理解，也使他们对知识的接受和记忆更加深刻。例如，在学习古罗马帝国历史时，学生可以通过虚拟现实"游览"古罗马的街道、参观斗兽场，甚至参与到一场"古罗马的公开辩论"中。这种互动性和沉浸感无疑能够提升学习的效果。

虚拟现实技术还可以为那些有特殊需求的学生提供个性化的学习场景。传统课堂的教学方法往往难以满足每个学生的个性化需求，而虚拟现实可以根据学生的学习速度和理解能力，定制不同难度和内容的学习任务。例如，对那些需要反复练习才能掌握某项技能的学生，虚拟现实可以提供无限次的模拟练习机会，而无需担心现实中的时间和资源限制。同时，虚拟现实还能够为有身体障碍的学生提供一种替代性的学习方式，让他们能够在虚拟世界中自由探索，弥补因身体限制带来的不便。这种个性化和灵活性，使得虚拟现实技术成为促进教育公平的重要工具。虚拟现实技术还可以极大地增强学生的创造力和创新能力。学生不仅是知识的接收者，更可以成为创造者。他们可以设计和建造自己的虚拟世界，设定规则，创造角色，甚至编写虚拟世界中的故事情节。这种创作过程，不仅能够培养学生的想象力和动手能力，还能够锻炼他们解决问题和团队合作的能力。通过在虚拟现实中不断尝试和实验，学生们可以自由地表达他们的想法和创意，从而激发出更多的创新灵感。

（二）设计具有挑战性任务

虚拟现实技术不仅仅是创造新颖学习场景的工具，它还能够设计出具有高度挑战性的学习任务，为学生提供深度思考和实际应用的机会。这些任务通常涵盖了解谜、危机处理以及复杂问题的解决等多个方面。例如，学生可以被引导参与到一系列复杂的解谜任务中。这些任务要求学生运用所学知识，通过逻辑推理和分析解决多个难题，才能最终完成任务。这种学习方式不仅能够有效地锻炼学生的逻辑思维能力，还能够培养他们在面对未知挑战时的应变能力和决策技巧。学生的知识往往局限于课本和理论，很少有机会在真实环境中进行实践。而虚拟现实的出现，正好弥补了这一不足。通过在虚拟环境中设计出逼真的挑战任务，学生可以在接近真实的情境中运用他们的知识，进行实践操作。例如，虚拟现实可以模拟自然灾害如地震、洪水等场景，学生需要在这种紧急情况下迅速做出合理的反应和决策。他们需要根据场景中的信息，分析形势，判断风险，并采取相应的行动来保护自己和他人的安全。这种在虚拟环境中的训练，不仅能够提升学生对危机的反应速度，还能提高他们在高压环境下的决策能力。

虚拟现实技术还能够将复杂问题的解决过程转化为一种互动性和沉浸式的学习体验。学生面对的挑战往往需要跨学科的知识和技能。例如，学生可能需要在虚拟现实中设计并管理一座虚拟城市。他们不仅需要考虑城市的基础设施建设，还需要管理资源分配、应对环境问题以及处理社会矛盾。这种复杂的任务，不仅需要学生具备全面的知识储备，还要求他们能够在多方面进行权衡，做出最优决策。这种任务设计，可以极大地培养学生的综合能力，特别是在面对复杂问题时的分析和解决能力。虚拟现实中的挑战性任务通常具有高度的互动性和沉浸感，这使得学习过程变得更加生动和引人入胜。学生往往被动地接受知识，而虚拟现实中的任务设计，则让学生成为学习的主动参与者。他们可以自由地探索虚拟环境，选择不同的解决路径，并根据自己的判断做出决定。这种参与感和自主性，不仅能够增强学生对学习的兴趣，还能培养他们的自信心和独立思考能力。

虚拟现实中的挑战性任务还能够为学生提供一种安全的试错环境。在现实世界中，一些任务由于涉及风险或成本，难以让学生亲自参与。然而，学生可以在没有实际风险的情况下进行多次尝试，探索不同的解决方案。这种试错过程，不仅能够帮助学生更好地理解知识，还能让他们在失败中吸取教训，逐步提高他们的解决问题能力和抗挫折能力。

（三）激发学生的竞争意识和成就感

虚拟现实技术不仅能够创造出逼真的学习场景和设计出复杂的任务，还在激发学生的竞争意识和成就感方面展现出独特的优势。通过在虚拟环境中完成富有挑战的任务，学生往往会体验到一种强烈的成就感。这种成就感是通过个人的努力、智力的投入和不断尝试所获得的，因此对于学生而言尤为宝贵。成就感的体验，不仅能够显著提升学生的自信心，还能够激发他们更强烈的求知欲和对未来挑战的渴望。随着学生在虚拟现实中的不断深入，他们会面对越来越复杂的任务，这些任务通常要求他们进行深入思考和创造性地解决问题。每当他们成功地完成一个任务时，所体验到的成就感不仅是对自身能力的确认，更是一种通过坚持不懈和不断挑战自我所获得的心理满足感。例如，当学生在虚拟现实中成功地设计并执行了一个复杂的科学实验，或在虚拟世界中化解了一次严峻的危机情境时，他们所感受到的成就感会远远超出在传统课堂中完成一项作业所带来的成就感。这种成就感不仅是短暂的喜悦，更是一种长期的激励，促使他们在学习中不断追求卓越。

学生可以通过参与团队任务或竞争性挑战来激发他们的竞争意识。无论是与同学合作完成一项复杂的项目，还是在模拟的竞赛中与他人一较高下，学生都会在这种互动中体验到竞争的刺激和成功的喜悦。这种竞争意识，不仅能够促使学生更加努力地学习和提升自己的能力，还能够培养他们的团队合作精神和沟通技巧。通过在虚拟现实中进行健康的竞争，学生们能够更好地认识到自身的优点和不足，从而在未来的学习和生活中更加自信和自觉地进行自我提升。虚拟现实中的成就感和竞争意识还可以通过设定多层次的挑战任务来进一步增强。学生可以面对一系列由简单到复杂、由易到难的任务。每当他们成功完成一个阶段的任务时，系统会给予及时的反馈和奖励，激励他们继续挑战更高难度的任务。这种逐步升级的挑战模式，不仅能够让学生体验到不断进步的成就感，还能够有效地保持他们的学习动力和兴趣。例如，一位学生可能最初只能完成简单的逻辑问题，但随着不断练习和任务难度的增加，他可能最终能够解决复杂的数学难题或物理实验，这种逐步积累的成就感会极大地增强他的自信心。

在虚拟现实中获得的成就感和竞争意识，能够有效地转化为学生在现实生活中的动力。在虚拟现实中的成功体验往往会激发学生在现实中追求更高目标的欲望。他们会更加愿意投入时间和精力去学习新的知识和技能，以期在未来的挑战中再度获得类似的成就感。此外，通过虚拟现实中的竞争，学生还能够培养出更强的竞争意识和抗压能力，这将帮助他们在未来的职业生涯中更加从容地面对各种挑战和机遇。

第二节　虚拟现实对学生认知能力的提升

一、增强沉浸感

（一）沉浸式学习的直观性与生动性

虚拟现实技术为教育领域带来了一种前所未有的学习体验，其独特的沉浸感使得学生能够以更加直观和生动的方式接触和理解复杂的学习内容。与传统的教育方法相比，虚拟现实技术赋予了学生一种身临其境的感觉，使他们能够在三维空间中与学习材料进行互动。[1] 这种互动并非只是表面上的操作，而是深入到学习过程的每一个细节，让学生能够更自然地理解那些通常在二维平面上难以表现的抽象概念。过去，学生主要通过课本、图片或视频来获取知识，这些方式往往缺乏生动的视觉和感官刺激，容易让学生感到枯燥。然而，虚拟现实技术通过创建一个三维的、动态的学习环境，使得学生可以"走进"学习内容。例如，在物理学课堂上，学生可以使用虚拟现实技术探索重力的作用，观察物体在不同条件下的运动轨迹，而不再局限于静态的文字或图片描述。通过这种直观的体验，学生能够更清晰地理解物理现象背后的原理，进而加深对知识的理解。

虚拟现实技术增强了学习的互动性，这种互动不仅激发了学生的学习兴趣，还使得学习变得更加有趣和有效。学生不再是被动接受者，而是可以主动参与到学习过程中。他们可以通过虚拟实验室进行模拟实验，调整不同的参数，观察结果的变化，这种实践性的学习方式使得学生在实验过程中可以获得即时反馈，帮助他们更好地理解复杂的科学概念。这种即时的、动态的学习体验，有助于提升学生的专注度和积极性，使得学习变得更具吸引力和挑战性。与传统的二维学习材料相比，虚拟现实中的学习内容更加立体和真实，能够调动学生的多重感官，视觉、听觉，甚至触觉的综合体验，让学生在学习过程中能够获得更全面的信息输入。例如，在学习解剖学时，学生可以通过虚拟现实进入人体内部，直观地观察器官的结构和功能，这种逼真的视觉体验使得复杂的解剖学知识变得易于理解和记忆。

虚拟现实技术还为学生提供了一个安全的、可控的学习环境。在这个环境中，学生可以自由探索和实验，而不必担心失败的后果。这种安全感使得学生在学习中更加大胆，愿意尝试不同的解决方案和思路，从而促进学生创造性思维的发展。例如，学生可以在虚拟环境中设计和测试桥梁结构，观察其承重能力和稳定性，即使出现错误，

---

[1] 黄奕宇. 虚拟现实（VR）教育应用研究综述 [J]. 中国教育信息化, 2018（1）: 11-16.

也可以迅速调整和修正，而不必承担现实中可能存在的风险。这种通过不断试错积累经验的学习方式，有助于学生更好地理解所学知识的应用场景，并培养他们解决实际问题的能力。虚拟现实技术还能够打破时间和空间的限制，使得学生可以随时随地进行沉浸式学习。无论是重现历史课堂上的古代文明，还是探索地理课堂上的全球地貌，虚拟现实技术都可以通过重建真实的场景，让学生仿佛置身其中，获得最直接的学习体验。这种打破时空界限的学习方式，不仅扩展了学生的知识视野，还增强了他们对不同文化和自然现象的理解。

（二）深度沉浸感促进知识的内化

虚拟现实技术为教育带来的最大优势之一，便是其能够创造出高度沉浸的学习环境，使得学生得以真正进入学习内容的核心，从而有效促进知识的内化。与传统的学习方法相比，虚拟现实技术通过全方位的感官刺激，使学生能够在虚拟世界中进行深度探索。这种探索不仅增强了他们的理解能力，还加速了知识的记忆和应用过程。虚拟现实技术所提供的深度沉浸感，使得学习不再局限于课堂上的抽象讲解，而是将学习转化为一种身临其境的体验。例如，在生物学课堂上，学生可以通过虚拟现实技术"进入"细胞内部，直观地观察细胞器的结构与功能。这样的体验让学生仿佛置身于一个微观的世界中，能够亲眼见证细胞内各种生物过程的发生。体验式学习方式使得复杂的生物学概念不再仅仅停留在课本上，而是通过感官直接传达给学生，使得他们能够更为自然地理解并记忆这些内容。这种深度的沉浸感，使得知识不再是单纯的文字和图像，而是转变为一种具体的、可感知的存在，从而增强了学生对知识的掌握程度。

虚拟现实技术所提供的深度沉浸感能够激活学生大脑中与记忆相关的区域，促进长时记忆的形成。研究表明，当学生处于高度沉浸的学习环境中时，大脑中的海马体和杏仁核等与记忆和情感相关的区域会被强烈激活。这种激活不仅有助于学生在短时间内记住大量信息，还能够使这些信息更牢固地储存在长期记忆中。例如，在学习一门新的语言时，学生可以通过虚拟现实技术模拟身处该语言环境中的情境，如购物、问路或参与社交活动。这种基于情境的语言学习，使得学生能够通过反复体验和互动，逐步内化语言知识，从而在真实生活中更加自然地运用所学语言。

虚拟现实技术所提供的深度沉浸感还能够帮助学生在复杂情境中运用和巩固所学知识。学生不仅可以学习知识，还可以在模拟的真实环境中反复应用这些知识，从而加深对其理解和记忆。例如，学生可以通过虚拟现实技术进行手术模拟，反复练习操作步骤和应对紧急情况。这种实践性的学习方式，不仅使学生能够掌握手术的基本技能，还能够在不断练习中加深对手术流程的理解，并在面对实际手术时更具信心和熟练度。这种通过沉浸式练习实现的知识内化，显著提升了学生的专业能力和应变能力。

虚拟现实技术所提供的深度沉浸感帮助学生建立更加连贯和系统的知识结构。学生往往需要通过大量的记忆和反复练习来形成对某一领域的全面理解。然而，虚拟现实技术通过创建一系列互相关联的学习场景，使得学生能够在不同情境中反复应用和复习所学知识，从而自然地建立起系统的知识网络。例如，在历史学习中，学生可以通过虚拟现实"访问"不同的历史场景，观察和体验历史事件的发生过程，并通过多次"穿越"历史，形成对历史发展的整体理解。这种基于情境的学习，有助于学生在脑海中构建起一个全面的知识框架，从而更容易掌握和运用所学内容。

虚拟现实技术能够模拟真实的情感场景，使得学生在学习过程中产生强烈的情感共鸣。这种情感体验，不仅能够增强学生的学习动机，还能够通过情感记忆加深对知识的理解和记忆。例如，在道德教育中，学生可以通过虚拟现实技术体验不同的道德困境，从而在情感上更深刻地理解道德决策的重要性。这种情感与认知的结合，有助于学生在知识内化的过程中，形成更深刻和持久的记忆。

（三）感官输入的多样性与认知能力的增强

虚拟现实技术的一个显著优势在于它能够通过多样化的感官输入，显著增强学生的认知能力。传统教学方式通常依赖视觉和听觉这两种感官来传递信息，然而，这种单一的感官输入模式常常难以充分调动学生的注意力和理解能力。虚拟现实则打破了这种限制，其可以融合视觉、听觉、触觉等多种感官，提供更为丰富和全面的学习体验。

虚拟现实技术可以为学生提供了更加立体和真实的学习环境。学生主要通过听讲和观看教材来学习，这种方式虽然能够传达知识，却缺乏感官的多样性和互动性，容易导致学生的注意力分散或理解困难。而在虚拟现实中，学生不仅可以看到高清晰度的三维图像，还能够听到逼真的声音效果，如实验室中的设备运作声或自然环境中的鸟鸣风声。这种视觉和听觉的结合，使得学习内容变得更加生动和直观，有助于学生形成更加完整的认知图景。例如，学生可以通过虚拟现实技术"游览"全球各地的地貌，感受地形的高低起伏和气候的变化，这种多感官体验能够帮助他们更好地理解地理现象的成因和影响。

虚拟现实技术通过触觉反馈进一步丰富了感官输入，增强了学生的学习体验和认知能力。触觉是人类感知世界的重要途径之一，但在传统教育中，触觉的作用往往被忽视或难以实现。虚拟现实技术通过结合触觉反馈装置，如力反馈手套或触感笔，使得学生能够在虚拟环境中"触摸"到学习对象，获得真实的触感体验。虚拟现实多感官输入有助于激发大脑的不同区域，从而促进更深层次的认知活动。例如，学生可以通过虚拟现实技术观察器官的三维结构，并通过触觉反馈感受不同组织的硬度和弹性，这种视觉与触觉的结合能更有效地帮助学生理解器官的功能和相互关系。研究表明，多感官学习不仅能够提高学生的理解力和记忆力，还能够增强他们的批判性思维和问题解决能力。这是因为多感官输入能够促进大脑的整合性处理，使得学生能够更全面地分析和解决复杂问题。

空间认知是理解和记忆三维结构的关键能力，在许多学科中都具有重要意义。例如，在建筑设计中，学生需要具备强烈的空间意识，才能够在设计时考虑到建筑的结构和功能。而虚拟现实技术可以提供三维的可视化场景，使得学生能够更直观地理解空间关系，并通过互动操作来进一步增强这种理解。这种沉浸式的空间学习，有助于学生建立起清晰的空间模型，从而在未来的实际工作中更加准确地应用所学知识。虚拟现实技术不仅提升了学生的认知能力，还能够增强他们的学习动机和参与度。单一的感官输入模式容易使学生感到厌倦和疲劳，而虚拟现实技术提供的多感官体验则能够不断吸引学生的注意力，保持他们对学习的兴趣。尤其是在涉及复杂或抽象内容的学习中，虚拟现实多感官刺激能够使学生更加专注于学习任务，从而提高学习效率和效果。例如，在学习化学时，学生可以通过虚拟现实观察化学反应的微观过程，并通过听觉和触觉体验反应过程中的变化，这种全方位的感知体验使得学生更加投入于学习中，并取得更好的学习成果。

二、提升空间认知与记忆能力

（一）三维互动环境的空间概念构建

传统教学方法多依赖于二维的图像、图纸或文字说明，这种平面的表达方式在传达复杂的空间关系时，常常显得力不从心。相比之下，虚拟现实技术通过构建三维互动环境，使学生能够更加直观和生动地理解空间结构。这一技术的核心在于它将抽象的概念转化为可视化的体验，使得学生在探索虚拟环境时，能够直观地感受到空间的深度、比例以及各部分之间的关系。虚拟现实的三维环境为学生提供了一个全新的学习维度，使得他们能够突破平面的限制，真正"走进"学习内容。以建筑设计为例，学生可以在虚拟现实中进入到一个完整的建筑模型中，不仅可以从外部观察建筑的整体结构，还可以深入到建筑内部，体验不同空间的布局、功能和相互关系。这种全方位的体验，使学生能够从多个角度理解建筑设计中的空间概念，而不仅仅依赖平面图的想象。这种身临其境的学习方式，不仅能提高学生的空间感知能力，还能帮助他们更好地掌握设计中所涉及的空间配置和结构布局。虚拟现实技术的交互性使得学生能够在学习过程中主动参与，进一步增强了空间概念的构建能力。学生可以通过操作虚拟对象来探索空间结构。例如，学生可以通过虚拟现实"拆解"人体模型，观察不同器官的位置和相互关系，甚至可以从不同的角度进行观察和分析。这种互动性不仅增强了学习的趣味性，还使得学生能够更深刻地理解空间中的各种关系，促进了他们对复杂空间结构的记忆和应用。

虚拟现实技术还允许学生以自己的节奏进行探索和学习，这在空间概念的构建过程中发挥了重要作用。学习节奏通常由教师掌控，学生必须跟随统一的步调进行学习。学生可以根据自己的理解程度和学习需求，自主选择学习内容和探索路径。例如，学生可以反复进入同一个建筑模型，专注于不同的空间细节，直至完全掌握相关概念。

虚拟现实技术的三维互动环境还为学生提供了丰富的模拟和实验机会，使他们能够在安全、可控的环境中进行各种尝试。这种模拟学习不仅有助于学生理解空间概念，还能够培养他们解决实际问题的能力。例如，学生可以在虚拟现实中模拟不同的建筑结构，观察其在不同环境和条件下的表现，从而理解结构设计中的关键要素。这种实验性的学习方式，使学生在构建空间概念的同时，积累了宝贵的实践经验，为未来的实际应用打下了坚实的基础。

（二）提高空间记忆能力的沉浸式体验

虚拟现实技术通过其独特的沉浸式体验，为学生提供了前所未有的机会，以更深入、更持久的方式记忆和理解空间结构。在传统的教育方法中，学生通常依赖于二维的图像和文字来学习复杂的空间信息，这种方式虽然有一定的效果，但往往难以使学生形成清晰的空间概念。而虚拟现实技术则打破了这种局限，通过三维的沉浸式环境，使学生能够以更加自然的方式探索和记忆空间关系。虚拟现实技术提供的沉浸式体验使得学习过程变得更加生动和具体，极大地增强了学生对空间信息的记忆深度。学生不仅能够观察到三维的空间结构，还可以与之进行互动，这种互动使他们能够从多个角度、多个维度深入理解空间关系。例如，学生可以使用虚拟现实技术进入人体内部，详细观察器官的排列和相互作用。这种直观而深刻的记忆，有助于学生在未来的实际应用中，更加准确地回忆和运用这些知识。

研究表明，当学生在一个高度沉浸的环境中进行学习时，所获得的信息更容易被存储在长时记忆中。这是因为沉浸式体验能够激活大脑中与情感和记忆相关的区域，使得学习过程不仅仅是简单的信息获取过程，而伴随着强烈的情感体验。例如，学生在虚拟现实中探索古代遗迹或历史场景时，不仅能够记住空间的布局和建筑结构，还能够通过沉浸式的场景感受到历史的氛围和文化的魅力。学生往往依赖于反复记忆和练习来确保对复杂空间信息的掌握，然而这种方法常常会受到记忆模糊或信息遗忘的影响。学生可以通过反复沉浸式探索，强化对空间结构的理解和记忆。例如，学生可以反复进入虚拟的地理环境，探索不同的地形地貌，从而加深对地理空间的理解。这种反复的沉浸式体验，不仅可以帮助学生准确记忆各个地理要素的空间分布，还能够让他们在实际操作中更具信心，减少由于记忆不准确而导致的错误。

虚拟现实技术还为学生提供了一个动态的学习环境，进一步增强空间记忆能力。不同于静态的二维图像，虚拟现实中的空间结构是动态变化的，学生可以通过移动视角或改变环境变量，观察空间结构在不同条件下的变化。这种动态的学习方式，有助于学生理解空间关系的复杂性，并在脑海中形成更加灵活和全面的空间认知模型。例如，在建筑学中，学生可以通过虚拟现实技术模拟不同光照条件下的建筑效果，观察空间的变化，从而更好地记忆和理解建筑设计的要点。这种动态的空间体验，使学生不仅记住了静态的空间信息，还能够掌握空间结构的变化规律，为将来的设计和应用奠定了坚实的基础。

虚拟现实技术提供的沉浸式体验还能够激发学生的学习兴趣和主动性，从而进一步提升空间记忆能力。在传统的学习过程中，学生常常感到枯燥和疲惫，缺乏足够的动力去反复记忆复杂的空间信息。而虚拟现实技术可以创造富有吸引力和互动性的学习环境，使得学生能够以更积极的态度投入学习中去。例如，学生在虚拟现实中探索宇宙空间或微观世界时，可以通过操作和实验获得即时反馈，这种参与感和成就感不仅增强了他们的学习兴趣，还促使他们更加主动地记忆和理解空间结构。

（三）全方位探索促进空间认知模型的形成

虚拟现实技术为学生提供了全方位探索的机会，使他们能够在一个自由且动态的环境中构建更加复杂和全面的空间认知模型。传统的教学方法通常局限于二维平面的观察和理解，学生只能从固定的角度和有限的视野中获取信息，这种限制性学习方式难以充分捕捉和理解空间的多维关系。而虚拟现实技术则打破了这一局限，为学生提供了从任意角度观察和操作对象的能力，极大地丰富了他们的学习体验和空间认知。虚拟现实的全方位探索功能使学生能够更深入地理解复杂的空间结构和关系。学生可以自由地切换视角，探索空间中的每一个角落，无论是从上方俯瞰还是从侧面观察，都可以获得完整的空间信息。例如，在建筑设计学习中，学生不仅可以查看建筑物的外观，还可以进入内部，观察房间的布局、通道的设计和光线的分布。这种多角度、多维度的探索，使学生能够形成更加准确和深刻的空间认知，从而为未来的设计和实践打下坚实的基础。

虚拟现实技术的全方位探索功能不仅限于静态观察，还允许学生通过动态操作来进一步理解空间关系。学生可以在虚拟现实中直接操作和修改空间元素，观察这些改变如何影响整体结构和功能。例如，在城市规划课程中，学生可以通过虚拟现实调整道路布局、改变建筑物的高度或增加绿色空间，并立即看到这些调整对城市整体结构的影响。这种动态的探索和操作过程，有助于学生理解空间要素之间的互动关系，并在头脑中形成一个更加复杂的空间认知模型。这种模型不仅包含了静态的空间信息，还包括了动态变化的规律和原理，使学生能够在实际应用中更加灵活地处理空间问题。虚拟现实的全方位探索功能为学生提供了一个高度个性化的学习环境，使他们能够根据自己的学习需求和兴趣自由探索不同的空间主题。学生通常只能按照教师设定的路径和内容进行学习，而虚拟现实则赋予他们完全的自主权，允许他们根据自己的节奏和兴趣选择探索的方向和深度。例如，在地理学学习中，学生可以选择关注特定的地形特征，如山脉、河流或沙漠，并通过虚拟现实的自由探索功能，深入了解这些地理特征的形成、演变和相互关系。

虚拟现实技术的全方位探索功能还为学生提供了一个模拟真实世界的学习环境，使他们能够在虚拟场景中进行实际问题的解决和空间模型的应用。例如，学生可以在虚拟现实中模拟建造一座桥梁，选择不同的材料、设计不同的结构，并观察这些选择对桥梁稳定性的影响。这种基于虚拟现实的模拟学习，不仅增强了学生的空间认知模型的准确性，还培养了他们在实际工作中解决问题的能力。这种从理论到实践的全方位探索，为学生提供了一个将空间认知模型应用于现实世界的桥梁，使他们能够更好地将所学知识转化为实际操作能力。

虚拟现实技术的全方位探索功能还具有重要的教育价值，它能够激发学生的好奇心和学习动力。在一个充满可能性的虚拟环境中，学生能够不断提出问题、探索未知，从而在不断尝试和失败中积累经验，逐步完善他们的空间认知模型。例如，在天文学学习中，学生可以通过虚拟现实探索宇宙中的星系和行星，观察天体的运动轨迹和相互影响，从而理解宇宙空间的广阔和复杂。这种探索性的学习方式，不仅提高了学生的空间认知能力，还培养了他们的科学思维和探究精神。

三、培养问题解决能力与创造力

（一）沉浸式情境模拟促进批判性思维

虚拟现实技术通过其独特的沉浸式情境模拟，能够为学生创造一个逼真的学习环境，使他们得以面对复杂且具有挑战性的问题情境。学生往往被动接受知识，缺乏亲身参与解决实际问题的机会。然而，虚拟现实技术打破了这种被动学习的局限，提供了一个高度互动的平台，使学生可以在其中直接面对问题情境，并进行深入探索和分析。学生可以通过虚拟现实模拟紧急医疗状况，如处理创伤或突发疾病的场景。在这些情境中，学生需要快速评估情况、选择适当的医疗措施并作出决策。这种高逼真的情境模拟，不仅能够提高学生在高压环境下的反应能力，还能促使他们在处理问题时保持冷静和理智，从而增强批判性思维能力。通过不断在虚拟情境中进行探索和反思，学生能够逐步发展出敏锐的分析能力，学会从多个角度审视问题，并评估不同解决方案的可行性。

（二）创造性问题解决能力的激发

虚拟现实技术的可塑性使得学生能够在一个安全且可控的环境中自由探索，尝试不同的解决方案，从而激发他们的创造性问题解决能力。学生可以面对一些在现实生活中难以再现或具有高度风险的情境，并在这些情境中进行反复尝试和错误修正。这种试错学习的模式，为学生提供了一个不断创新的机会，使他们能够在失败中总结经验，并逐步找到更具创造性的解决方案。在工程学学习中，学生可以通过虚拟现实设计和测试各种桥梁结构。他们可以尝试使用不同的材料、结构设计和施工方法，并观察这些变化对桥梁稳定性和承重能力的影响。由于虚拟现实允许学生快速进行设计和测试，他们能够在较短时间内经历多个实验循环，从而激发更多的创新思维。这种自由探索和实验的学习方式，使学生能够在面对现实世界中的复杂问题时，运用创造性思维寻找独特的解决方案。

（三）多维度问题理解与跨学科思维的培养

虚拟现实技术通过多维度的情境呈现，使学生能够更全面地理解问题的复杂性，并培养他们的跨学科思维能力。在现实生活中，许多问题具有多层次和多维度的特性，单一学科的知识往往难以完全解决这些问题。而虚拟现实通过结合视觉、听觉、触觉等多感官体验，帮助学生在多维度的情境中探索和分析问题，从而培养他们的综合思维能力。在环境科学的学习中，学生可以通过虚拟现实进入一个虚拟的生态系统，观察人类活动对环境的影响。在这个虚拟的生态系统中，学生可以看到污染如何影响水体、空气和生物群落，并通过调整人类活动的参数，观察不同措施对生态系统的修复效果。这种跨学科的虚拟探索，不仅可以帮助学生理解环境问题的复杂性，还促使他们结合环境科学、社会学和经济学等多学科的知识，找到最优的解决方案。

通过这种多维度的问题理解和跨学科思维的培养，学生能够更好地应对现实世界中的复杂挑战。他们不仅能够识别和分析问题的各个方面，还能够将来自不同领域的知识整合起来，提出具有创造性和实践性的解决方案。这种综合性的思维方式，使学生在面对未来工作和生活中的挑战时，具备更强的适应能力和解决问题的能力。

四、增强情境学习与理解能力

（一）虚拟情境中的知识内化与应用

虚拟现实技术通过将抽象的学习内容置于具体的情境中，极大地促进了知识的内化和应用。学生往往通过书本和讲解获得知识，但这种学习方式常常缺乏实际应用的场景，导致学生难以真正掌握所学内容。虚拟现实技术则提供了一个仿真度极高的环境，使学生能够在接近真实的情境中实践所学知识，从而实现知识的深度内化。在法学课堂中，学生可以通过虚拟现实进入法庭情境，参与模拟庭审。在这种虚拟法庭中，学生不仅能够学习法律条文，还可以应用这些法律知识进行辩护、质证和裁决。这种真实感极强的情境学习，使学生不仅记住了法律知识，还学会了如何在实际场景中应用这些知识。这种通过情境学习内化知识的过程，有助于学生在未来的职业生涯中更加自信地应对真实的法律事务。

（二）理论与实践的有机结合

虚拟现实技术的另一个重要优势在于它能够将理论与实践紧密结合，提升学生的综合理解能力。传统教学往往将理论与实践分离开来，学生在课堂上学习理论知识，而实践操作通常留在实验室或工作场所进行。然而，这种分离导致学生在实践中难以将理论知识有效应用，而虚拟现实技术则通过情境化学习打破了这一限制。在建筑学课堂中，学生可以通过虚拟现实直接进入建筑施工现场，观察和体验建筑过程中的每一个环节。他们不仅可以学习建筑设计的理论知识,还可以通过虚拟现实中的模拟操作,了解如何将这些理论应用于实际施工中。这种理论与实践的有机结合,使得学生能够在实践中更好地理解理论,并在理论指导下更有效地进行实践操作,从而全面提升他们的理解能力和应用能力。

(三) 提高情境适应性与综合思维能力

虚拟现实技术还通过提供多样化的情境,帮助学生提高情境适应性和综合思维能力。学生往往只能在单一的、理想化的情境下进行学习和思考,而现实世界的复杂性和多变性常常让学生感到措手不及。虚拟现实技术通过模拟各种真实世界中的复杂情境,使学生能够在多变的环境中进行学习和应对。在管理学课程中,学生可以通过虚拟现实体验不同的商业环境,如危机管理、市场竞争和团队协作等。在这些虚拟情境中,学生需要快速适应环境变化,进行决策和解决问题。这种多样化的情境学习,不仅增强了学生的情境适应能力,还培养了他们的综合思维能力,使他们能够在复杂的现实情境中灵活应对各种挑战。这种情境化的学习方式,可以帮助学生在面对现实中的问题时迅速识别情境、整合知识并采取有效的行动。

五、提高专注力与学习动机

(一) 沉浸式环境增强专注力

虚拟现实技术通过其强大的沉浸感,为学生创造了一个高度吸引人的学习环境,使他们能够更容易地保持专注。传统的课堂环境往往充满了各种干扰因素,如同学之间的交谈、外界的噪声或电子设备的分心,这些都会削弱学生的注意力。而虚拟现实技术通过将学生"带入"一个完全不同的、专门设计的虚拟空间,将这些外界干扰排除在外,使学生得以全身心投入学习内容中。在学习历史时,学生可以通过虚拟现实"进入"到古代文明的世界,亲身体验历史事件的发生过程。这种沉浸式的体验,使得学生不仅通过视觉和听觉感受历史,还可以通过互动来加深理解。这种全方位的感官参与,使得学生在学习过程中高度专注,减少了分心的可能性。同时,由于虚拟现实的场景和内容设计具有高度吸引力,学生的专注力得到了极大增强,从而在较长时间内可以保持高效的学习状态。

(二) 即时反馈激发学习动机

虚拟现实技术中的即时反馈机制,是激发学生学习动机的重要工具。学生通常需要等待老师批改作业或考试后才能得到反馈,这种滞后的反馈方式往往无法及时满足学生的学习需求,可能会导致学习动机的下降。虚拟现实技术则通过即时反馈机制,立即响应学生的行为和选择,使得他们能够立刻看到自己的学习成果或需要改进的地方。在外语学习中，学生可以通过虚拟现实技术进行对话练习，当他们发音正确时，系统会立即给予正面反馈，如奖励积分或解锁新的学习内容；当发音不正确时，系统则会即时纠正，并提供建议。这种即时反馈不仅增强了学生的成就感，还帮助他们在学习过程中保持高昂的学习动机。学生在不断反馈中逐步提高学习兴趣，并在每一次成功中获得满足感，从而更加积极地投入后续的学习任务中去。

（三）高参与度与积极学习态度的培养

虚拟现实技术的互动性使得学生能够主动参与到学习过程中，从而培养出更积极的学习态度。在传统的教学模式中，学生往往处于被动接受知识的状态，缺乏参与感和主动性，这种被动学习容易导致兴趣下降和参与度不高。而虚拟现实技术则通过互动性设计，使学生成为学习的主体，促使学生主动探索和实践，从而提升学习的积极性。在科学课堂上，学生可以通过虚拟现实进行模拟实验，自主选择实验参数，观察实验结果的变化。这种高度参与的学习方式，使得学生不仅掌握了知识，还通过实践增强了对科学的兴趣和探索欲望。研究表明，参与虚拟现实学习的学生，其学习兴趣和参与度显著高于传统课堂中的学生。这种积极的学习态度，不仅有助于学生在当前的学习中取得好成绩，还能为他们未来的学习和职业生涯奠定坚实的基础。

第三节 虚拟现实技术对学生心理和行为的潜在影响

一、虚拟现实技术对学生行为的潜在影响

（一）行为习惯的形成与依赖性

虚拟现实技术为学生提供了高度沉浸式的体验，使得学生在虚拟世界中能够进行丰富多样的互动。这种互动方式虽然极大地增强了学习的趣味性和参与感，但也可能带来行为习惯上的依赖问题。长期沉浸在虚拟现实中，学生可能会形成对这种虚拟环境的依赖，甚至在现实生活中逐渐减少实际的社交和互动。随着虚拟现实技术的进步，这种依赖性可能会变得更加普遍，影响学生的日常行为习惯，如减少户外活动、缩减面对面的交流机会等。尤其是在自制力较弱的学生中，这种依赖可能会导致时间管理不善，影响他们的学习效率和生活规律。

（二）虚拟与现实之间的行为分界模糊化

虚拟现实技术的高度逼真性有可能模糊学生在虚拟世界与现实世界之间的行为分界线。再虚拟现实中学生可以体验到不受物理规则限制的活动，如飞行、超强的力量

或其他超现实的能力。这些体验虽然在某种程度上能够激发创造力和想象力，但也可能导致学生在现实生活中产生行为上的混淆，特别是在道德判断和行动后果方面。例如，一些学生可能会误解虚拟世界中的规则与现实世界的规范，进而在现实生活中表现出不合适的行为，诸如忽视他人感受或不顾后果的冒险行为。

（三）社交行为的改变与孤立感的加剧

虚拟现实技术的引入对学生的社交行为也产生了显著影响。一方面，虚拟现实提供了新的社交平台，使得学生能够跨越地域限制与世界各地的人进行互动。这种全球化的交流方式可以拓宽学生的视野，增强跨文化理解力。然而，另一方面，虚拟现实中的社交活动并不能完全替代现实中的人际交往，长期依赖虚拟社交可能会削弱学生的面对面沟通能力，甚至加剧孤立感。特别是在青少年阶段，社交能力的发展对心理健康至关重要，过度依赖虚拟环境可能导致社交技能的退化和真实情感联系的缺失。[1]

（四）行为模式与道德规范的潜在冲突

虚拟现实技术为学生提供了广泛的行为选择空间，然而，这种自由度也可能引发行为模式与道德规范之间的冲突。学生可以体验到各种角色和身份，这种多样性虽然丰富了学习体验，但也可能在无形中影响学生的价值观和行为准则。例如，一些虚拟环境可能包含暴力、欺骗或其他负面行为模式，这些行为在虚拟世界中可能被合理化或忽略，但在现实生活中却是不被接受的。长期接触这些负面行为模式可能使学生在现实生活中对类似行为的敏感度降低，甚至出现道德判断上的偏差。因此，在教育过程中，需要特别关注如何引导学生正确区分虚拟与现实中的行为规范，避免潜在的行为冲突和道德困境。

二、虚拟现实技术对学生心理的潜在影响

（一）心理沉浸感与现实逃避

虚拟现实技术能够创造出高度逼真的沉浸式体验，使得学生在虚拟世界中感受到前所未有的心理沉浸感。这种沉浸感虽然能提高学习的专注度和参与感，但也可能导致学生逐渐产生逃避现实的倾向。尤其是当学生在现实生活中面临压力、挑战或困惑时，虚拟世界提供的"避难所"可能使他们倾向于躲避现实中的问题，而非积极面对和解决。这种逃避行为如果长期存在，可能会影响学生的心理健康，导致焦虑、抑郁等问题的产生，甚至影响其应对现实挑战的能力。

---

[1] 丁国栋，杨雪. 用 Java3D 实现 Web 虚拟现实的研究与实践 [J]. 中国教育技术装备，2006（2）：29-32.

（二）虚拟自我与身份认同的冲突

学生可以自由创建和体验不同的虚拟身份，这种身份的多样性和自由度为他们提供了探索自我和扩展认知的机会。然而，这也可能导致现实身份与虚拟身份之间的冲突。一些学生可能在虚拟世界中塑造出与现实生活截然不同的自我形象，并逐渐产生认同感的转移，特别是在现实生活中受到挫折或不如意时。这种认同感的混淆可能引发学生在现实中产生自卑感或身份认同危机，进而影响他们的心理稳定性和社会适应能力。因此，教育者需要引导学生在享受虚拟身份带来的自由的同时，保持对现实自我的清晰认知和认可。

（三）社交孤立与心理健康

虚拟现实技术为学生提供了新的社交平台，但这种虚拟社交的形式也可能对学生的心理健康产生负面影响。虽然虚拟社交能够让学生跨越物理距离与他人互动，但这些互动往往缺乏情感深度和现实感。长期依赖虚拟社交可能导致学生在现实生活中感到孤立，缺乏真实的人际关系支持。特别是对于那些本身就有社交障碍或心理问题的学生，虚拟社交可能加剧他们的孤立感，使他们更难融入现实社会，从而对他们的心理健康产生不利影响。因此，在应用虚拟现实技术时，需特别注意学生的社交需求与心理健康的平衡。

（四）虚拟体验与情感管理的挑战

虚拟现实技术提供了丰富的情感体验，学生在虚拟世界中可以体验到各种情感，如快乐、兴奋、恐惧或悲伤。然而，这些情感体验如果没有适当的引导，可能会影响学生的情感管理能力。虚拟世界中的情感往往是强烈且即时的，这可能导致学生对现实生活中的情感产生失衡的期待，进而影响他们处理日常情感的方式。例如，学生可能会因为虚拟世界中的高刺激体验而对现实生活中的平淡感到不满，或者在遇到负面情感时无法有效地进行情感调节。这种情感管理能力的削弱，可能会对学生的心理成熟度产生负面影响。因此，教育者需要帮助学生正确理解和管理虚拟体验带来的情感影响，促进其心理和情感的健康发展。

第五章　虚拟现实技术对教师角色的重塑

第一节　虚拟现实环境下教师角色的转变

一、从知识传授者向学习引导者转变

随着虚拟现实技术的引入，教育领域正经历一场深刻的变革，教师的角色也在这一过程中发生了显著变化。传统教学模式中，教师通常以知识传授者的身份存在，通过课堂讲授、课后辅导等方式将知识系统化地传递给学生。然而，虚拟现实环境的沉浸性和互动性为学生提供了前所未有的学习自主性，这使得教师在教育过程中不再仅仅是知识的单向传播者，而更多地成为学习的引导者。这一角色的重新定位要求教师不仅要掌握虚拟现实技术，还要具备高度的教学设计能力，以设计出能够激发学生探索欲望的虚拟场景，从而有效地促进他们自主学习。[1]

虚拟现实技术的应用正在革新传统的教育模式，促使教师的职责从单纯的知识传授向更加注重学生自主学习的引导转变。教师往往通过讲授和解释为学生提供知识基础，但在虚拟现实的环境中，学生可以通过亲身体验和互动来探索知识的深度。这种体验式学习方式要求教师在教学中更多地关注如何引导学生利用虚拟现实技术进行自主探索，培养他们的批判性思维和问题解决能力。为此，教师不仅要转变自己的角色定位，还需提升自身的技术能力和教学设计水平，以确保学生能够在虚拟现实环境中获得深刻且有意义的学习体验。

二、从课堂管理者向学习体验设计者转变

在虚拟现实技术的推动下，教育环境正发生深刻的变革，教师的角色也随之不断变化。以前，教师往往扮演着课堂管理者的角色，专注于维持课堂纪律和确保学生的学习进度。借助虚拟现实技术，课堂的物理边界被打破，教学场景变得更加多样化，

---

[1] 肖俊敏，王春辉. 虚拟现实技术在语言教育中的应用——研究现状、作用机制与发展愿景［J］. 首都师范大学学报：社会科学版，2023（5）：91-105.

教师的角色从单纯的管理者转向学习体验的设计者。这一变化要求教师不再仅仅关注维护课堂纪律，而要更加注重如何通过设计丰富的虚拟学习环境来激发学生的学习兴趣和创造力，从而提供更加个性化和多元化的学习体验。

三、从知识权威向学习伙伴转变

教育模式正发生着深刻的转变，教师的角色也随之发生了显著变化。在传统教育中，教师往往被视为知识的唯一权威，其职责是将已知的知识传授给学生。然而，虚拟现实为学生提供了丰富的资源和多元的学习途径，使他们能够通过自主探索获取知识，这在一定程度上削弱了教师作为知识垄断者的地位。教师因此逐渐从知识权威转变为学习伙伴，与学生一起探索问题、解决难题。这种角色的再定义要求教师放下传统的权威姿态，更加开放地与学生进行平等的交流，鼓励学生独立思考，并在互动中共同成长。

四、从单一职能向多重角色转变

虚拟现实技术的引入正在彻底改变教师的职业角色，使其职责从传统的单一职能向多重角色扩展。教师的主要任务是知识传授，但在虚拟现实环境中，这一职能变得更加多样化。教师不仅要传授知识，还需充当技术支持者，帮助学生克服在使用虚拟现实技术时遇到的困难，以确保他们能够顺利参与到学习活动中。此外，随着虚拟环境对学生心理影响的加深，教师还需承担心理辅导者的角色，关注并引导学生的心理健康。这一职责的扩展对教师提出了更高的要求，要求他们具备多方面的技能和知识，以应对不断变化的教育情境。

第二节　教师如何适应虚拟现实教学环境

一、技术技能的提升与掌握

（一）虚拟现实设备的基本操作与应用

虚拟现实设备的操作是教师在虚拟现实教学环境中成功开展教学活动的基础。教师需要熟悉各种虚拟现实设备的基本操作，包括硬件设备如 VR 头戴式显示器、控制器、传感器等的使用，还需要掌握这些设备的设置和调试方法。例如，教师需要了解如何连接和配置 VR 设备，如何确保设备正常运行，以及如何解决可能出现的技术故障。通过掌握这些基本操作，教师能够确保学生顺利进入虚拟现实环境，并在教学过程中减少因技术问题导致的中断。

（二）虚拟学习环境的创建与调整

在虚拟现实教学中，教师不仅需要熟练操作设备，还需具备创建和调整虚拟学习环境的能力。虚拟学习环境的设计直接影响学生的学习体验和效果，因此，教师需要掌握如何使用虚拟现实软件来构建具有教育意义的虚拟场景。例如，教师可以创建一个虚拟实验室，供学生进行科学实验，或者设计一个历史场景，让学生沉浸在历史事件中学习。[1] 除此之外，教师还需要根据教学目标和学生反馈，对虚拟环境进行调整和优化，以确保其能够满足学生的学习需求。

（三）互动式学习活动的设计与实施

虚拟现实技术的一个重要优势在于其能够提供高度互动的学习体验。教师需要学习如何利用虚拟现实应用程序设计和实施互动式的学习活动，以激发学生的学习兴趣和积极性。这包括设计任务导向的学习活动，如虚拟探险、角色扮演和协作项目等，让学生在虚拟环境中通过动手实践来掌握知识。例如，教师可以设计一个虚拟的地理探险活动，让学生通过探索虚拟地形来学习地理知识。这种互动式的学习活动不仅能够增强学生的参与感，还能帮助他们在实践中应用和内化所学知识。

（四）技术问题的识别与解决

技术问题的发生是不可避免的，教师需要具备识别和解决这些问题的能力。教师不仅需要能够快速诊断和解决常见的技术故障，如设备连接不良、软件崩溃等，还需具备一定的应急处理能力，以便在出现复杂问题时迅速找到替代方案。例如，如果某一设备突然出现故障，教师应能迅速调整教学计划，或使用备选设备继续教学。教师具备解决这些技术问题的能力，可以最大限度地减少技术故障对教学活动的干扰，确保教学的连续性和有效性。这种能力的提升将使教师在虚拟现实教学环境中更加自信和从容，提升整体教学效果。

二、教学设计能力的重构

（一）沉浸式学习任务的设计

在虚拟现实教学环境中，沉浸式学习任务的设计是教学设计重构的关键。教师需要充分利用虚拟现实技术的沉浸性，设计出让学生能够身临其境地体验和参与的学习

---

[1] 吴亚军. 虚拟现实技术在智慧教育中的应用探索[J]. 电脑与电信, 2022 (6): 14-19.

任务。例如，教师可以设计一个虚拟实地考察任务，让学生通过探索虚拟世界中的地形地貌来掌握相关知识。在这种沉浸式学习任务中，学生是学习过程的主动参与者，他们通过直接互动和体验，能够更好地理解和内化所学内容。这种教学设计突破了传统教学中以讲授为主的单一模式，提升了学生的学习效果。

（二）个性化学习路径的创建

虚拟现实技术为个性化学习提供了广阔的可能性。教师在设计教学方案时，需要考虑学生的个体差异，为他们提供适合个人学习风格和需求的学习路径。例如，教师可以利用虚拟现实中的数据分析功能，实时监测学生的学习进度和表现，并根据学生的不同需求调整教学内容和难度。这种个性化学习路径的设计，能够帮助学生在适合自己的节奏下学习，有效避免了传统教学中"一刀切"的弊端。同时，教师还可以为不同学习能力的学生设计不同层次的学习任务，使每个学生都能够在虚拟现实环境中找到适合自己的学习方式，从而实现更深层次的学习。

（三）互动与协作学习活动的整合

虚拟现实技术的一个显著特点是其高互动性，这为教师在教学设计中整合互动与协作学习活动提供了新的途径。互动和协作往往受到物理空间的限制，教师可以设计跨越时间和空间限制的互动学习活动。例如，教师可以设计一个虚拟现实项目协作任务，学生可以通过虚拟角色的扮演和互动，完成一个复杂的团队项目。这样的设计不仅能够培养学生的团队合作能力，还能提高他们的沟通和问题解决能力。互动与协作学习活动的整合，使教学设计更加生动有趣，促进了学生的积极参与和深度学习。

（四）学习资源的多样化与优化

教师还需重新审视并优化学习资源。虚拟现实技术提供了多种形式的学习资源，如虚拟实验、三维模型、互动视频等，教师需要根据教学目标和学生需求，合理选择并整合这些资源。例如，在生物学课程中，教师可以使用虚拟解剖模型，让学生通过操作虚拟生物体来学习解剖学知识。教师还可以利用虚拟现实平台的开放性，整合来自全球各地的优质资源，为学生提供多元化的学习材料。通过多样化与优化学习资源，教师能够丰富教学内容，提升学生的学习体验，同时确保这些资源能够有效地支持学生的学习过程，帮助他们在虚拟现实环境中更深入地掌握知识。

三、心理辅导与支持能力的强化

（一）识别虚拟环境中的心理变化

教师首先需要具备敏锐的观察能力，以识别学生在虚拟环境中可能出现的心理变化。由于虚拟现实的沉浸性，有些学生可能会出现孤独、焦虑或与现实脱节的感觉。教师需要注意学生的情绪表现和行为变化，及时识别出可能存在的心理问题。例如，如果学生在虚拟课堂中表现出不愿参与、情绪低落或频繁退出虚拟环境的行为，教师应意识到这些可能是心理问题的信号。通过早期识别这些问题，教师可以及时介入，防止问题进一步恶化。

（二）提供有针对性的心理支持

在识别出学生的心理问题后，教师需要提供有针对性的心理支持，帮助学生在虚拟环境中保持心理健康。这可以通过个别谈话、心理疏导等方式进行。教师可以与学生讨论他们在虚拟现实中的体验，帮助他们理解和管理自己的情绪。例如，如果学生感到孤独或焦虑，教师可以通过鼓励和支持，帮助他们调整心态，缓解负面情绪。针对特定的心理问题，教师还可以建议学生参加虚拟社交活动或团队合作任务，以增强他们的社交互动，减轻孤独感。

（三）鼓励积极心态与心理弹性

虚拟现实环境中的挑战和不确定性可能影响学生的心理状态，因此，教师应积极引导学生培养正向的心理态度和心理弹性。教师可以通过正面反馈和积极鼓励，帮助学生建立自信心，并引导他们以积极的心态面对虚拟现实中的学习任务。例如，当学生在虚拟环境中遇到困难时，教师可以鼓励他们视这些挑战为成长的机会，而不是失败。同时，教师可以教授一些心理调节技巧，如放松训练或正念练习，帮助学生在压力下保持心理平衡。通过培养积极心态和心理弹性，学生能够更好地应对虚拟现实中的挑战，并在学习中保持积极的心理状态。

（四）促进虚拟社交关系的建立

虚拟现实中的社交互动对学生的心理健康有着重要影响，教师需要帮助学生在虚拟环境中建立和维护良好的社交关系。教师可以通过设计合作性学习任务、组织虚拟小组讨论等方式，促进学生之间的互动与合作。这不仅有助于提升学生的学习效果，还可以增强他们的归属感和社交支持网络。此外，教师应鼓励学生在虚拟现实中积极参与社交活动，与同伴建立联系，分享学习经验和感受。通过这些措施，教师能够帮助学生在虚拟环境中建立积极、健康的社交关系，从而支持他们的情感和心理健康。

四、学习资源管理与优化

（一）熟悉虚拟学习资源的多样性

教师首先需要熟悉虚拟学习资源的种类和特点，以便为学生提供最适合的学习材料。虚拟学习资源种类繁多，包括三维模型、互动视频、虚拟实验室、模拟环境等。教师需要了解这些资源在不同教学情境中的应用方式。例如，在教授解剖学时，教师可以选择三维虚拟解剖模型作为资源，让学生通过交互式体验来深入理解人体结构。熟悉这些资源的多样性，能够帮助教师根据教学目标和学生需求，选择最具有效性和相关性的资源，从而优化教学过程。

（二）学习资源的有效整合与应用

在掌握各种虚拟学习资源后，教师需要有效地整合和应用这些资源，确保它们能够最大化地支持学生的学习。资源整合是指将多个虚拟资源结合在一起，创建一个连贯的学习体验。例如，教师可以将虚拟实验与互动视频相结合，使学生在观看相关内容后，立即通过实验验证所学知识。这种整合不仅可以强化知识的应用，还能够帮助学生在不同的虚拟环境中迁移和巩固学习成果。通过合理整合与应用，教师可以为学生提供一个多层次、多角度的学习环境。

（三）持续优化学习资源

虚拟学习资源并非一成不变，教师应当根据教学反馈和实际效果，不断优化这些资源，使其更好地服务于教学目标。优化过程包括定期评估资源的有效性，收集学生的使用反馈，并根据这些信息进行调整。例如，如果某一虚拟实验室的界面操作不够友好，教师可以反馈给技术团队进行改进，或调整教学内容的呈现方式，以提高学生的使用体验。通过持续优化，教师能够确保学习资源始终保持高质量，并能灵活应对不断变化的教学需求。

（四）利用开放资源与创意设计

虚拟现实平台上通常有大量的开放资源可供教师使用，教师应充分利用这些资源，同时发挥创意进行个性化设计。开放资源为教师提供了广泛的教学素材，如虚拟博物馆、开放实验室等，教师可以根据课程需求进行选择和调整。此外，教师还可以将这些开放资源与自创内容相结合，设计出独特的虚拟学习体验。例如，教师可以利用虚拟现实平台中的开放地理资源，设计一次虚拟探险活动，结合学生的兴趣和课程内容，进行个性化定制。这种创意设计能够增强教学的趣味性和针对性，吸引学生的注意力，提升他们的学习动力和效果。

五、教育观念的更新与适应

（一）适应灵活与动态的教学环境

虚拟现实技术的应用为教学环境带来了前所未有的灵活性和动态性，教学不再局限于固定的课堂时间和地点，学习活动可以随时随地进行，学生的学习进度和路径也变得更加个性化和多样化。教师需要调整自己的教学策略，以灵活应对不同的教学情境。例如，教师可能需要根据学生的反馈即时调整教学内容，或者在学生遇到困难时迅速提供支持。这种灵活的教学模式要求教师具备高度的适应能力和反应速度，能够在动态环境中有效引导学生学习。

（二）利用虚拟现实的互动性与沉浸性

虚拟现实技术的互动性和沉浸性为学生提供了独特的学习体验，教师应善于利用这些特性来激发学生的学习兴趣和创造力。传统的教学模式往往是单向的信息传递，而虚拟现实允许学生在一个高度互动的环境中进行探索和实践。教师可以设计丰富的互动学习活动，让学生通过实际操作和体验来掌握知识。例如，教师可以引导学生在虚拟实验室中进行科学实验，或在虚拟历史场景中体验不同的历史事件。这种沉浸式的学习方法能够更深层次地激发学生的兴趣，促进他们的创造性思维和问题解决能力。

（三）培养自主学习与创新能力

学生不再只是被动学习者，而是积极的探索者和创造者。教师需要调整教育观念，培养学生的自主学习与创新能力。虚拟现实提供了丰富的学习资源和工具，学生可以根据自己的兴趣和需求进行个性化学习。教师的任务是引导学生如何利用这些资源，自主进行知识的获取和应用。同时，教师还应鼓励学生在虚拟环境中进行创新性思考，尝试解决实际问题。例如，教师可以设置开放性问题或任务，让学生在虚拟环境中设计解决方案或提出新想法。这种教育观念的更新，有助于培养学生的独立思考能力和创新精神，适应未来社会对人才的需求。

六、终身学习与专业发展

（一）培养终身学习的职业习惯

技术和方法的快速变化使教师必须将终身学习视为职业生涯的一部分。教师应当培养主动学习的习惯，定期参与各种形式的学习活动，如在线课程、研讨会、专业会议等，不断更新自己的知识和技能。通过持续的学习，教师能够紧跟教育技术的发展趋势，保持对虚拟现实教学的新方法和新工具的敏感性，从而确保他们在课堂上始终能够提供最新和最有效的教学体验。终身学习不仅能帮助教师应对当前的教学挑战，还为他们的职业发展提供了坚实的基础。

（二）积极参与专业发展活动

专业发展活动是教师提升自身能力、拓宽视野的重要途径。教师应积极参与学校或教育机构组织的专业发展活动,特别是与虚拟现实教学相关的培训和工作坊。这些活动不仅能帮助教师掌握新的技术技能,还能为他们提供交流与合作的平台,与其他教育者分享经验和教学策略。例如,教师可以通过参与虚拟现实教育的专业社群,了解其他教师的成功案例,并借鉴他们的经验来改进自己的教学实践。通过积极参与这些活动,教师能够不断提升专业素养,进而在虚拟现实教学中实现更大的成功。

(三)持续优化教学策略与方法

终身学习不仅体现在知识的更新上,还体现在教学策略与方法的持续优化中。教师应根据学习和实践中获得的新知识,不断反思和改进自己的教学方法。例如,教师可以在虚拟现实教学中采取不同的互动策略,观察学生的反应,并根据反馈调整教学内容和方式。通过这种持续的优化,教师可以逐步形成更符合学生需求和虚拟现实环境特点的教学方法,提升教学质量。同时,这种不断改进的过程也能帮助教师保持教学的创新性,避免陷入固有模式,使教学始终充满活力和新意。

(四)适应技术发展的新挑战

面对发展迅速的虚拟现实技术,教师必须具备应对新挑战的能力。教师需要不断学习新兴技术,并将其有效融入教学中。例如,新型的硬件设备和软件应用不断涌现,教师需要掌握这些新工具的操作方法,并探索其在教学中的应用潜力。这要求教师不仅要学习新技术的使用,还要理解其教育价值和应用场景,确保这些技术能够真正服务于教学目标。同时,教师还需具备快速适应新技术的能力,能够在技术更新的过程中迅速调整和优化教学策略,以保持教学的有效性和前沿性。

第三节 教师在虚拟现实教学中面临的挑战与应对策略

一、教师在虚拟现实教学中面临的挑战

(一)技术障碍与适应性挑战

在虚拟现实教学的背景下,教师面临着许多技术障碍,这些障碍可能会对他们的教学效果产生深远的影响。虚拟现实设备的复杂性和软件的多样性,使得教师在最初接触这些技术时,往往会感到不知所措。特别是对于那些缺乏技术背景的教师而言,学习和掌握这些新技术成为一项艰巨的任务。例如,如何正确操作VR设备、如何设置和调试虚拟现实软件,以及如何在课堂上有效整合这些技术,都是教师需要面对和

解决的问题。① 这种技术复杂性要求教师具备较强的学习能力和适应性，以应对不断变化的技术环境。虚拟现实技术与传统教学工具的操作方式截然不同，教师需要花费大量时间和精力来熟悉这些新工具。然而，这种学习过程往往是伴随着压力的，因为虚拟现实技术的复杂性不仅限于硬件设备的操作，还涉及如何运用这些技术来设计和实施有效的教学活动。此外，设备的兼容性问题和技术故障也是教师常常面临的难题。例如，不同品牌的 VR 设备可能在兼容性上存在差异，或者在课堂使用过程中设备出现故障，这些都会导致教师在课堂上措手不及，影响教学的顺利进行。因此，教师不仅需要掌握技术，还需要具备应对技术问题的能力。

（二）教学设计与实施的复杂性

设计和实施教学活动的复杂性与传统教学有着本质的不同。教师在规划教学活动时，必须全面考虑如何充分发挥虚拟现实技术的优势。这意味着教师不仅要熟悉虚拟现实的技术特性，还需掌握如何将其有效地融入教学目标。教学设计的重点转向了如何利用虚拟环境的互动性和沉浸感来增强学生的学习体验。比如，教师可能需要设计虚拟实验室或模拟真实场景，让学生在沉浸式的体验中掌握知识和技能。教师不仅要创造出吸引学生的学习任务，还要确保这些任务能够与课程目标紧密契合。由于虚拟现实环境的独特性，教师在设计学习任务时，往往需要突破传统教学策略的限制，提出更具参与性和互动性的方案。例如，教师可以设计不同的教学情境，让学生在虚拟世界中扮演不同的角色，通过实际操作和决策来完成学习目标。然而，这样的设计过程往往是耗时且复杂的，教师不仅需要掌握新兴技术，还要进行反复规划和测试，以确保设计出的教学活动能够真正提高学生的学习效果。

在虚拟现实教学实施过程中，教师还面临着如何有效管理课堂的挑战。传统课堂中的管理方式，如点名、纪律维护、学生表现评估等，在虚拟现实环境中可能不再适用。教师需要开发新的管理策略，以适应虚拟课堂的需求。比如，教师可能需要利用虚拟现实技术的监控功能，实时跟踪学生的学习进度和参与情况，从而及时调整教学策略。此外，虚拟现实环境下的学生评估也具有更大的挑战性。由于学生的学习表现可能更多地体现在他们在虚拟世界中的操作和决策上，而非传统的考试和作业，教师需要开发新的评估标准和工具，以准确反映学生的学习效果。

（三）心理与情感支持的需求

随着虚拟现实技术在教育中的广泛应用，学生在沉浸式虚拟环境中的心理和情感需求逐渐显现，这对教师提出了新的要求。虚拟现实环境的高度沉浸性，虽然能够增强学生的学习体验，但同时也可能导致一些负面情绪的产生。学生在虚拟世界中长时间互动，可能会出现焦虑、孤独感，甚至与现实世界脱节的情况。面对这些潜在的心

---

① 王小巍，崔艳萍，危侃. 基于虚拟现实技术的士官教育研究 [J]. 计算机与信息技术，2009（10）：3.

理问题，教师不仅需要具备传统的教学技能，还必须掌握一定的心理辅导能力，以便在学生出现不适应或情绪波动时，能够及时给予有效的支持和引导。学生在虚拟环境中所经历的情感体验与现实环境可能截然不同，这使他们可能会感到困惑或不知所措。因此，教师在教学过程中，需要特别关注学生的情感状态，帮助他们在虚拟环境中建立积极的心态，促进心理健康。例如，教师可以通过设计具有积极情感体验的学习任务，来增强学生的自信心和归属感。同时，教师还应鼓励学生在虚拟世界中表达和分享他们的感受，这不仅有助于缓解他们的孤独感，还能增强他们的社交能力和情感连接。

现实情况是，许多教师在应对这些心理和情感问题时可能感到力不从心。大部分教师在接受职业培训时，往往只专注于学科知识和教学技能的培养，而忽视了心理辅导方面的学习。尤其是在虚拟现实教育这一全新领域，教师可能缺乏应对学生心理需求的经验和策略，这使他们在实际教学中面临诸多挑战。例如，当学生在虚拟环境中表现出明显的情绪低落或焦虑时，教师可能难以迅速判断问题的根源，并采取适当的干预措施。教师不仅需要借助专业的心理辅导资源，还可能需要进一步提高自身的心理辅导能力，以更好地满足学生的需求。此外，虚拟现实教学还可能使学生的情感支持需求更加复杂化。与传统课堂不同，在虚拟现实环境中，学生的情感表现往往更加隐蔽，这增加了教师识别和回应这些需求的难度。教师在虚拟现实教学中，需要更加敏锐地察觉学生的情感变化，及时提供适当的支持。同时，学校和教育机构也应为教师提供必要的培训和资源，帮助他们更好地应对虚拟现实环境中学生的心理和情感挑战。

（四）时间管理与工作负担

虚拟现实教学的引入，给教师的时间管理带来了前所未有的挑战。相比传统教学，虚拟现实教学的准备过程显得更加复杂和耗时。教师需要投入大量的时间和精力去学习和掌握新的技术。虚拟现实技术的发展速度极快，这要求教师不断更新自己的知识储备，以确保能够有效运用这些技术进行教学。与此同时，教师还需熟悉虚拟环境的操作，理解其特性和局限性，以便在设计教学内容时充分发挥这些技术的优势。在虚拟现实教学的设计和实施过程中，时间管理的挑战尤为明显。教师不仅要设计出能够有效传达教学目标的内容，还要确保这些内容在虚拟环境中能够顺利运行。这意味着教师需要花费更多时间来测试虚拟环境，以确保教学活动的顺利进行。例如，教师可能需要反复调整虚拟场景，进行多次测试，以排除可能影响学生学习体验的技术问题。此外，处理技术故障也是教师不可避免的工作内容之一。当虚拟现实系统出现问题时，教师需要立即进行排查和修复，这不仅占用了他们的教学时间，还可能影响整体的教学进度。

在日常教学任务之外，教师还需承担额外的技术支持工作。这不仅包括对虚拟现实设备和软件的管理和维护，还包括为学生提供技术指导。如果学生在使用虚拟现实设备时遇到问题，教师往往需要立即提供帮助，这无形中增加了教师的工作压力。此外,虚拟现实教学还要求教师在教学过程中更多地关注学生的个体需求,提供更为个性化的辅导和支持。这些额外的任务都需要教师投入更多的时间和精力,进一步加剧了他们的工作负担。这种时间和精力的双重投入,可能会对教师的职业满意度和工作效率产生负面影响。长时间的高负荷工作,容易导致教师的职业倦怠感增加,进而影响他们的教学质量和教学热情。尤其是在虚拟现实教学的初期,教师可能需要面对繁重的学习任务和频繁的技术问题,这些都可能使他们感到疲惫不堪。如果学校和教育机构不能提供足够的支持和资源,教师的工作压力将会进一步加大,甚至可能影响到他们的心理健康。

(五)资源获取与管理的困难

教师需要依赖大量的虚拟学习资源,如三维模型、虚拟实验室和互动视频等,这些资源的质量和数量直接影响到教学效果。然而,找到适合教学目标的资源并不是一件容易的事。教师通常需要花费大量的时间和精力来搜索和筛选这些资源,以确保它们能够有效支持课程内容。这一过程不仅烦琐,还可能面临资源分布不均和质量参差不齐的挑战,使教师在准备教学时,常常感到时间紧迫。教师在找到合适的虚拟学习资源后,还需要学习如何将这些资源有效地整合到教学中。这不仅要求教师具备技术操作的能力,还需要他们对教学设计有深刻理解,以便能够灵活运用这些资源来服务于教学目标。例如,在使用三维模型进行教学时,教师不仅需要确保模型的准确性和可操作性,还需要设计相应的教学活动,帮助学生在互动中理解和掌握知识。这一过程对教师的技术水平和教学设计能力都提出了较高的要求。

许多优质的虚拟学习资源,如高精度的三维模型和功能丰富的虚拟实验室,往往需要支付高额费用。对于资源有限的学校和教师来说,这无疑是一个沉重的负担。即使是那些有能力购置这些资源的学校,如何合理分配和利用这些资源,确保其在教学中发挥最大效用,也是一项需要精细规划的任务。资源的购买和维护费用,也可能让一些学校望而却步,从而限制了虚拟现实教学的普及和发展。虚拟现实学习资源也在不断更新。教师不仅需要时刻关注这些资源的最新版本,还要确保在教学过程中使用的资源始终是可用和适用的。尤其是在技术迅速发展的今天,过时的资源可能无法支持最新的教学需求,甚至可能出现兼容性问题。因此,教师除了日常教学任务,还需要额外投入精力来管理这些资源,确保其始终符合教学要求。

二、应对策略

(一)提升技术能力,增强教学适应性

随着虚拟现实技术的不断发展,教师需要不断更新自己的技术知识,以应对新的教学需求。定期参加培训和研讨会是保持技术能力与时俱进的关键途径。在这些活动

中，教师不仅可以学习到最新的虚拟现实技术应用知识，还能与同行交流经验，获得宝贵建议。这些学习机会不仅帮助教师掌握新的教学工具，还使他们能够更好地理解如何将这些技术融入课堂教学中，从而提高教学效果。通过参与在线技术论坛、社交媒体群组或专业协会，教师可以与全球各地的教育技术专家和同行交流。这种互动不仅能拓宽教师的视野，还能帮助他们获取最新的教学资源和技术支持。此外，技术社区往往是解决教学难题的宝贵资源。当教师在虚拟现实教学中遇到技术问题时，他们可以在社区中寻求帮助，快速找到解决方案。这种合作与分享的文化，有助于教师在技术上不断进步，从而更自信地应对虚拟现实教学中的各种挑战。

理论知识固然重要，但虚拟现实教学对操作技能的要求更为直接和具体。教师在日常教学中，应多花时间进行虚拟现实设备的操作练习，熟悉各种软件和硬件的使用方法。通过反复练习，教师能够更好地掌握虚拟现实教学的技术细节，从而在课堂上更加得心应手。操作技能的提升不仅能帮助教师更有效地管理虚拟教学环境，还能在面对技术故障时快速做出反应，减少对教学进度的干扰。虚拟现实技术为教育提供了丰富的可能性，教师只有具备足够的技术能力，才能充分发挥这些技术的潜力。通过掌握多种技术工具，教师可以设计出更加多样化和互动性强的教学活动，让学生在虚拟现实中获得更丰富的学习体验。无论是创建虚拟实验室，还是设计模拟情境，技术能力的提升都为教师提供了更多的选择，使他们能够根据教学目标和学生需求，自由调整和创新教学方法。

（二）优化时间管理，合理分配教学任务

教师往往面对比传统教学更加复杂和耗时的准备工作和实施过程，因此，优化时间管理成为教师提高教学效率和减轻工作负担的关键。通过将教学任务进行分解，教师可以更清晰地了解每个阶段的工作内容和时间要求。一个详细的计划不仅能帮助教师有条不紊地推进教学任务，还能为处理突发事件预留出足够的时间。具体来说，教师可以将整个学期或课程的目标分解为每周或每日的具体任务，这样不仅能确保教学任务按时完成，更易于管理工作压力。虚拟现实教学涉及技术操作、内容设计、测试与实施等多个环节，每个环节都有其独特的时间需求。教师在制订教学计划时，应根据各项任务的复杂性和优先级，合理分配时间。将大任务分解为可管理的小步骤，是逐步推进虚拟现实教学实施的重要策略。例如，教师可以先从熟悉和测试技术入手，然后逐步转向设计与优化教学内容，最后进行整体的教学实施和评估。这种分步推进的方式，不仅能够减少教师的工作压力，还能提高教学的连贯性和效果。

在面对繁重的教学任务时，教师应学会区分任务的紧急性与重要性。对那些对教学效果有直接影响的核心任务，教师应优先安排时间和精力完成，而那些可以延后处理的次要任务，则可以根据实际情况灵活安排。这样不仅能保证教学的核心内容得到有效落实，还能为教师节省宝贵的时间，避免因不必要的任务而浪费精力。例如，在虚拟现实教学的准备阶段，教师可以优先设计和测试关键的教学模块，确保这些模块

能够在课堂上顺利运行，而一些非核心的辅助内容则可以根据教学进度逐步完善。面对虚拟现实教学中的不确定性，灵活调整教学计划也是教师必须具备的能力。技术问题或其他教学挑战可能随时出现，教师需要有足够的弹性来应对这些突发状况。制订教学计划时，教师应预留一定的缓冲时间，以应对可能的技术故障或其他意外情况。此外，教师还可以设置备用计划，当某一环节出现问题时，可以迅速切换到备用方案，避免教学进度受到严重影响。通过灵活地调整计划，教师能够更从容地应对教学过程中可能出现的各种挑战，从而确保教学的顺利进行。

虚拟现实教学的复杂性和多样性，使教师单独完成所有任务变得极具挑战性。因此，教师应充分利用教学团队的力量，与同事进行有效的任务分工与合作。通过将不同的任务分配给不同的团队成员，每个人可以专注于自己擅长的领域，从而提高整体的工作效率。例如，一名教师可以专注于技术支持，另一名教师则负责教学内容的设计与优化，这样的分工合作可以大大减轻每位教师的工作压力。此外，学校也可以考虑配备专业的教学助手，帮助教师处理技术操作、资源管理等琐碎工作，使教师能够将更多精力投入教学设计与实施中。

（三）积极寻求资源支持，构建优质教学环境

教师要想构建优质的教学环境，首先需要主动寻求各种资源的支持。教师应积极与学校管理层沟通，表达对虚拟现实资源的需求，争取学校在预算和设备上的支持。此外，教育机构通常也会提供一些专项资源和技术培训，教师应充分利用这些机会来提升自己的教学资源储备。通过与学校和教育机构紧密合作，教师不仅能获得所需的虚拟现实设备和软件，还能获取到最新的技术支持与培训，从而为教学奠定坚实的基础。除了依靠学校和教育机构的支持，教师还应积极利用开源平台和社区资源，丰富虚拟现实教学材料。开源平台提供了大量免费的虚拟现实资源，如三维模型、互动视频和教学软件，教师可以根据课程需求进行筛选和整合。此外，虚拟现实技术社区也是一个宝贵的资料来源。通过加入相关的线上社区和论坛，教师可以与全球范围内的同行进行交流，分享和获取虚拟现实教学资源和经验。参与这些社区活动，不仅能帮助教师拓展资源渠道，还能让他们接触到最新的教学理念和技术发展，从而不断提升自己的教学质量。

为了确保有效利用虚拟现实教学资源，教师还需要建立一个科学的资源管理机制。虚拟现实资源的管理不同于传统教学资源，其更新频率更高，维护需求更为复杂。因此，教师在获取资源后，应建立一套系统的管理机制，确保资源的及时更新和维护。例如，教师可以定期检查和更新虚拟现实软件和硬件设备，确保其在教学过程中能够正常运行。此外，对不同类型的资源，如三维模型和互动视频等，教师应分类存储和标注，方便后续的查找和使用。这种系统化的管理不仅有助于提高资源利用率，还能减少教学过程中因资源问题导致的故障和延误。教师可以通过与其他学校或教师合作，共享资源与经验，以降低虚拟现实教学中的资源获取和维护成本。在一些资源有

限的学校，共享资源是一种非常有效的策略。教师可以通过建立资源共享网络，与其他学校的教师共同使用虚拟现实设备和教学材料。这不仅能大大降低设备的购置和维护费用，还能促进教师之间的合作与交流。通过定期的资源共享会议或线上交流，教师可以互相介绍自己在虚拟现实教学中的成功经验和遇到的问题，共同探讨解决方案。这种合作模式，不仅能有效降低教学成本，还能提高教师的专业素养和教学水平。

教师还应积极探索外部的社会资源。例如，一些企业和非营利组织可能会提供虚拟现实设备的捐赠或租赁服务，教师可以通过与这些组织建立合作关系，获取额外的资源支持。此外，一些技术公司也会为教育提供免费的虚拟现实教学软件或技术支持，教师可以主动联系这些公司，了解他们的服务项目，并争取相应的资源支持。通过多方位的资源整合，教师能够在虚拟现实教学中建立起一个高效且可持续的资源体系，从而进一步提升教学质量。

（四）加强心理辅导技能，关注学生情感需求

学生的心理和情感需求愈加重要，教师必须提升自身的心理辅导技能，以更好地应对这些需求。虚拟现实的高度沉浸性虽然能够增强学习体验，但也可能引发学生的情绪波动，如焦虑、孤独感或与现实的脱节感。为此，教师应主动参加心理学相关的培训，学习如何识别学生的情绪变化，并掌握有效的处理方法。这些培训不仅可以帮助教师更好地理解学生的心理状态，还能为他们提供必要的工具和技术，以在教学中及时给予学生支持和引导。教师应努力创建一个安全且开放的课堂氛围，使学生感到被尊重和理解。这种氛围不仅能减少学生在虚拟环境中可能出现的不适感，还能鼓励他们更积极地参与课堂讨论和活动。教师可以通过定期的情感交流环节，鼓励学生表达他们的感受和疑虑，并在需要时提供情感上的支持。这种做法不仅有助于学生释放情绪压力，还能增强他们在虚拟现实中的心理适应能力，进一步提高学习效果。

教师还应将心理健康教育内容整合到虚拟现实教学中，以帮助学生在虚拟环境中建立积极的心态。心理健康教育不仅是应对情绪问题的被动措施，更是预防情绪波动的重要手段。教师可以在课程中引入有关心理健康的主题，如何管理压力、增强自信心和保持积极的自我形象。这些内容可以借助虚拟现实技术的优势，如互动性和沉浸感，变得更生动和有吸引力。学生不仅能在学习知识的同时提升心理素质，还能在面对虚拟现实带来的心理挑战时，具备更强的应对能力。此外，教师在虚拟现实教学中应特别关注个体化的情感支持。每个学生的情感需求和心理状态都有所不同，教师应根据学生的具体情况，提供个性化的辅导和支持。例如，对那些在虚拟环境中表现出焦虑或孤立感的学生，教师可以通过一对一的辅导，帮助他们找到适应虚拟世界的方式，并提供必要的心理支持。通过这种个性化的辅导，教师可以更好地照顾到每个学生的情感需求，确保他们在虚拟现实教学中获得积极的学习体验。

教师还应与学校心理辅导部门合作，共同为学生提供全面的心理支持服务。在面对复杂的情感问题时，教师可以借助专业心理辅导员的帮助，制定更有效的应对策略。这

种跨部门的合作不仅可以为学生提供更专业和全面的支持，还能帮助教师在面对情感挑战时，获得更多的资源和建议。此外，学校还可以通过组织心理健康讲座或工作坊，为学生提供更多的心理支持渠道，帮助他们在虚拟现实教学中保持心理平衡和情绪稳定。

（五）提高教学策略的灵活性，促进有效学习

随着虚拟现实技术的广泛应用，学生的学习风格和需求变得更加多样化，传统的"一刀切"教学模式已无法满足所有学生的需求。因此，教师需要根据不同学生的特点和学习方式，设计出灵活多样的教学策略。这不仅有助于提高学生的参与度，还能更有效地激发他们的学习兴趣。例如，教师可以针对视觉学习者设计富有视觉冲击力的三维模型教学内容，而对动手能力强的学生，则可以设计交互式的虚拟实验，以满足他们的实践需求。这种个性化的教学设计，能够更好地适应学生的多样化学习风格，从而促进有效学习。虚拟现实技术的互动性和沉浸性为教学活动的设计提供了广阔的空间，教师可以通过各种形式的教学活动来丰富课堂内容，从而激发学生的学习动力。例如，教师可以结合虚拟现实技术，设计角色扮演、情景模拟和虚拟探险等多种教学活动，让学生在沉浸式的学习环境中体验不同的角色和场景。这些活动不仅能增强学生的学习兴趣，还能通过实践和体验来加深他们对知识的理解。此外，教师还可以根据学生的反馈，适时调整教学活动的形式和内容，以确保这些活动能够持续激发学生的兴趣和参与度。

教师在虚拟现实教学过程中，应定期反思自己的教学策略，并根据学生的反馈和教学评估结果，进行相应的调整。例如，教师可以通过课堂观察、学生问卷或一对一的交流，了解学生对当前教学策略的反应。如果发现某些教学方法无法有效满足学生的需求，教师应及时调整策略，尝试新的教学方法或活动形式。这种灵活的调整不仅能帮助教师优化虚拟现实教学设计，还能使教学更加贴近学生的实际需求，从而提高教学的整体效果。虚拟现实技术的灵活性为个性化学习提供了更多可能性，教师可以根据学生的学习进度和兴趣，设计出具有挑战性和针对性的学习任务。例如，对于学习速度较快的学生，教师可以设置更复杂的任务或提供额外的学习材料，而对需要更多时间掌握知识的学生，则可以设置辅助任务，帮助他们巩固学习内容。这种个性化的任务设计，不仅能帮助学生更好地掌握知识，还能增强他们的自信心和成就感，进一步促进有效学习。

通过灵活运用教学策略，教师能够在虚拟现实环境中创造出更加丰富和有意义的学习体验。虚拟现实技术为教学提供了前所未有的机会，教师应充分利用这些机会，通过灵活多变的教学策略，帮助学生在虚拟环境中获得深刻的学习体验。例如，教师可以利用虚拟现实的沉浸性，设计不同教学情境，让学生在虚拟世界中解决实际问题，从而提高他们的分析和解决问题的能力。这种以学生为中心的教学设计，不仅能帮助学生更好地理解和掌握知识，还能培养他们的批判性思维和创新能力，进一步推动他们的全面发展。

第六章 虚拟现实教学资源的开发与管理

第一节 虚拟现实教学资源的类型与特点

一、虚拟现实教学资源的类型

(一) 三维模型和虚拟场景

三维模型和虚拟场景是虚拟现实教学中最常见的资源类型。这类资源能够提供逼真的视觉体验,使学生能够在虚拟环境中观察和操作各种物体和结构。例如,在生物学教学中,教师可以利用三维模型展示人体的各个器官,让学生通过旋转、缩放等操作深入了解器官的结构和功能。虚拟场景则可以模拟现实中的复杂环境,如历史事件的重现或地理探险,帮助学生在虚拟世界中进行沉浸式学习。这些资源的优势在于它们能够直观地展示抽象概念,使学生更容易理解和掌握复杂知识。

(二) 互动视频和虚拟实验

互动视频和虚拟实验是另一类重要的虚拟现实教学资源。这些资源通过互动式的操作,增强了学生的参与感和学习体验。互动视频通常允许学生在观看过程中进行选择和互动,从而影响视频的进程和结局。这种形式不仅增加了视频的趣味性,还能帮助学生通过互动加深对学习内容的理解。虚拟实验则提供了一个安全且可重复的实验环境,学生可以在其中进行各种科学实验,并尝试不同的操作方法。[1] 这类资源特别适合科学和工程学科的教学,能够有效弥补现实实验中存在的时间、空间和安全等限制。

(三) 虚拟现实课程与教材

虚拟现实课程与教材是专为虚拟现实环境设计的教学资源。这些课程和教材通常

---

[1] 王晶,张秀山,王锋. 虚拟现实技术在军校教育中的应用研究 [J]. 计算机与数字工程,2006,(12):97-100.

由教育专家和技术开发人员共同设计，涵盖了从小学到大学各个阶段的教学内容。虚拟现实课程通过沉浸式的学习体验，将传统的教学内容与虚拟现实技术相结合，使学生能够在虚拟环境中进行自主学习。这些课程和教材不仅涵盖了各种学科内容，还提供了丰富的互动和评估功能，帮助学生巩固知识，并获得即时反馈。虚拟现实课程与教材的优势在于其系统性和专业性，能够为教师提供全面的教学支持。

（四）虚拟现实游戏与模拟器

虚拟现实游戏和模拟器是将娱乐和教育相结合的一类资源。这些资源通过游戏化的学习方式，激发学生的学习兴趣和动机。例如，虚拟现实历史游戏可以让学生扮演历史人物，参与重大历史事件，从而在游戏中学习历史知识。模拟器则可以模拟各种真实场景，如驾驶飞机、外科手术等，学生可以通过模拟器在虚拟环境中进行练习，提高实践技能。这类资源不仅提高了学习的趣味性，还能为学生提供实践机会，帮助他们将理论知识应用到实际操作中。

（五）虚拟现实创作工具

虚拟现实创作工具允许教师和学生自己设计和创建虚拟现实内容。这些工具为教学提供了极大的灵活性和创造性，教师可以根据教学需求设计定制化的虚拟场景或互动实验，学生也可以通过这些工具表达自己的想法，创作出属于自己的虚拟作品。例如，学生可以利用虚拟现实设计软件创建建筑模型或虚拟艺术作品，这不仅培养了他们的创意思维，还提供了实际操作的机会。虚拟现实创作工具的应用范围广泛，适用于从艺术设计到工程建造的多种学科。

二、虚拟现实教学资源的特点

（一）沉浸性

学生能够置身于一个完全模拟的虚拟环境中，这种环境具有高度的逼真感和互动性。沉浸性使学生能够全身心地参与到学习过程中，仿佛亲身经历教学内容所描述的场景或事件。例如，学生可以"亲临"历史遗址或宇宙空间，通过沉浸式体验加深对学习内容的理解和记忆。这种沉浸性不仅提升了学习的趣味性，还能有效增强学生的学习动机和专注力。

（二）互动性

与传统的静态教学资源不同，虚拟现实资源允许学生通过各种操作与虚拟环境进行互动。这种互动不仅限于简单点击或选择，还包括更复杂的操作，如操控虚拟对象、参与模拟实验、作出决策等。互动性的特点使学生在学习过程中更加主动，有助于培养他们的探究精神和问题解决能力。此外，互动性还提供了即时反馈机制，学生可以根据自己的操作立即看到结果，进一步促进了学习效果的提升。

（三）个性化

虚拟现实教学资源能够根据学生的个体需求提供个性化的学习体验。教师可以设计出适应不同学习风格和进度的教学内容，从而满足学生的个性化需求。例如，学习速度较快的学生可以选择更高难度的任务，而需要更多帮助的学生则可以获得额外的指导和支持。个性化的特点使虚拟现实教学资源能够有效应对学生之间的差异，确保每个学生都能在适合自己的节奏下学习，从而提高整体学习效果。

（四）可视化

通过三维建模和虚拟场景，虚拟现实技术能够将抽象概念转化为直观的视觉图像，使学生更容易理解复杂的知识点。例如，学生可以通过虚拟现实观看和操控人体内部的器官结构，帮助他们理解复杂的人体解剖学知识。可视化不仅提高了教学内容的可理解性，还能帮助学生建立更深刻的记忆，从而增强知识的掌握和应用能力。

（五）可操作性

虚拟现实教学资源的可操作性为学生提供了动手实践的机会。这一特点尤其适用于需要操作技能的学科，如工程学、医学和艺术设计等。学生可以在虚拟环境中进行各种实验和操作练习，这不仅避免了现实操作中的风险，还允许学生多次重复练习，直至掌握技能。例如，医学生可以通过虚拟现实进行手术模拟，反复练习复杂的手术步骤，从而提升实际操作能力。可操作性使虚拟现实教学资源不仅限于知识传授，还能有效培养学生的实践能力。

（六）跨越时间与空间的自由度

虚拟现实教学资源的另一个显著特点是其跨越时间与空间的自由度。虚拟现实技术可以打破现实世界的物理限制，使学生能够探索那些在现实中难以接触到的环境和场景。例如，学生可以通过虚拟现实"穿越"到过去，亲身体验历史事件，或是探索宇宙的遥远星系。这种自由度不仅拓宽了学生的学习范围，还为教师提供了更多创新教学的可能性，使课堂教学变得更加生动和多样化。

第二节　虚拟现实教学内容的设计与开发流程

一、虚拟现实教学内容的设计

（一）明确教学目标

在设计虚拟现实教学内容时，首先需要明确教学目标。教学目标决定了虚拟现实内容的设计方向和重点，确保虚拟现实技术的应用能够直接服务于教学目的。例如，如果教学目标是让学生理解某一科学原理，那么虚拟现实内容应着重于展示该原理的动态过程和应用场景。明确的教学目标不仅帮助教师设计出具有针对性的内容，还能使学生在虚拟环境中更清晰地理解学习任务，避免在虚拟现实体验中迷失方向。

（二）确保内容的相关性与实用性

虚拟现实教学内容的设计必须考虑内容的相关性和实用性。相关性指的是虚拟现实内容必须紧密围绕课程的核心主题，不偏离教学重点。实用性则要求虚拟现实内容能够为学生提供实际的学习价值，帮助他们解决现实中的问题或提高实践能力。[1] 例如，在设计一个虚拟实验时，内容应能有效模拟真实实验过程，并让学生通过操作实验设备和观察结果，获得与现实实验相近的体验。这样的设计不仅提高了虚拟现实内容的教育价值，也能增强学生的学习效果。

（三）注重交互设计

虚拟现实的优势在于其高度的互动性，因此，教学内容的设计应充分利用这一特点，创造多种互动方式，以增强学生的参与感和学习体验。例如，教师可以设计学生在虚拟环境中进行的任务或挑战，如解决问题、完成任务或参与讨论。这种互动不仅让学生更积极地参与学习，还能通过实际操作帮助他们加深对知识的理解。通过设计多样化的交互元素，教师能够充分利用虚拟现实的技术优势，为学生提供更为丰富的学习体验。

（四）确保技术实现的可行性

虚拟现实教学内容的设计需要充分考虑技术实现的可行性。在设计阶段，教师应与技术开发团队密切合作，确保所设计的内容能够在虚拟现实平台上顺利实现。这包

---

[1] 康凤. 虚拟现实在远程教育中的应用及其实现［J］. 教育与教学研究，2006，(6)：69-70，72.

括内容的三维建模、场景渲染、互动性设置以及用户界面设计等各个方面。例如，如果设计的内容需要高精度的三维模型或复杂的互动功能，技术团队需要评估现有平台的能力，确保这些设计能够实际应用于教学。技术可行性的考虑能够避免后期开发中的技术瓶颈，确保教学内容能够顺利实施。

（五）融合多感官体验

虚拟现实教学内容的设计应尽可能融合多感官体验，以增强学生的沉浸感和学习效果。除了视觉和听觉，设计者还可以利用虚拟现实设备的其他功能，如触觉反馈、动作捕捉和环境声音等，提供更加丰富的感官刺激。例如，在设计虚拟实验时，可以通过触觉反馈让学生"感受"到物体的质感或温度变化，这种多感官的体验能够使学生在虚拟现实中获得更真实的感受，从而加深对学习内容的理解和记忆。

（六）考虑学习者的个性化需求

在虚拟现实教学内容设计中，个性化需求的考虑至关重要。不同学生的学习风格和学习进度各不相同，因此，虚拟现实内容应具有一定的灵活性，以适应不同学习者的需求。设计者可以通过提供多个学习路径、设置不同难度的任务或允许学生自定义学习节奏，来实现个性化学习。例如，对于进度较快的学生，可以设计更具挑战性的任务，而对于需要更多时间掌握内容的学生，则提供额外的指导或练习。这种个性化设计不仅提高了学习的有效性，还能增强学生的自主学习能力。

二、虚拟现实教学内容的开发流程

（一）需求分析与目标设定

教师和开发团队需要明确教学内容的目标，了解学生的学习需求和课程的具体要求。需求分析包括对教学目标、课程内容、学生特征和技术平台的全面理解。这一过程有助于确定教学内容的开发方向和范围，确保最终的虚拟现实内容能够有效支持教学目标。目标设定则明确了开发过程中应达成的具体成果，如学生应掌握的知识点、技能或态度。

（二）概念设计与内容策划

在完成需求分析后，进入概念设计和内容策划阶段。此阶段的重点是制定虚拟现实教学内容的整体框架和逻辑结构。开发团队需要设计出虚拟现实场景的初步草图或故事板，确定每个场景中包含的主要元素和互动方式。同时，内容策划需要决定如何将教学目标转化为具体的虚拟现实体验，例如通过互动任务、虚拟实验或角色扮演来实现教学目标。概念设计和内容策划为后续开发奠定了基础，是确保内容符合教学需求的重要步骤。

（三）技术评估与工具选择

在确定概念设计后，需要对实现这些设计的技术进行评估，并选择合适的开发工具和平台。开发团队应评估现有技术的可行性，确保所选工具能够支持预期的功能和效果。这一阶段可能涉及选择适当的三维建模软件、互动开发工具、虚拟现实平台以及其他技术支持工具。技术评估还包括考虑硬件的兼容性和性能需求，以确保最终的虚拟现实教学内容能够在目标设备上顺利运行。

（四）内容开发与原型制作

进入实际内容开发阶段，开发团队开始创建虚拟现实教学内容的原型。这包括三维模型的制作、场景的搭建、互动逻辑的编写以及用户界面的设计等。原型制作通常是一个迭代过程，开发团队会根据最初的概念设计逐步完善虚拟现实内容，并在每个阶段进行测试和调整。原型制作的目的是验证设计的可行性，识别潜在的问题，并在早期阶段进行优化，从而确保最终产品的质量和可用性。

（五）测试与优化

在内容开发完成后，进入测试与优化阶段。此阶段的目的是确保虚拟现实教学内容在技术上稳定运行，并达到预期的教学效果。测试内容包括功能测试、用户体验测试以及教学效果评估。开发团队应通过多轮测试，发现并修复技术问题，优化用户界面和互动体验。同时，教师和学生可以参与测试，提供反馈意见，帮助开发团队调整和改进内容。优化过程中，团队还应考虑内容的加载速度、视觉效果和互动流畅性，确保最终产品能够提供最佳的学习体验。

（六）部署与实施

经过充分测试和优化后，虚拟现实教学内容进入部署与实施阶段。此时，内容被发布到指定的平台或设备上，供教师和学生使用。部署过程中，开发团队需要确保内容的安装和配置过程顺利进行，并提供必要的技术支持，帮助用户解决使用中的问题。在实施阶段，教师应进行相关的培训，了解如何在课堂上有效应用虚拟现实教学内容，并根据实际教学需求进行适当的调整。

（七）反馈收集与迭代更新

虚拟现实教学内容的开发并不在实施后结束，后续的反馈收集与迭代更新同样重要。在内容实际应用后，开发团队应持续收集教师和学生的反馈，评估教学效果和用户体验。基于这些反馈，开发团队可以对内容进行定期的更新和改进，确保其长期适用性和效果。迭代更新的过程还可以引入新的教学需求和技术进步，使虚拟现实教学内容保持活力和创新性。

第三节　虚拟现实教学资源的管理与维护

一、虚拟现实教学资源的管理

(一) 资源的分类与组织

资源的分类与组织是实现高效教学管理的重要基础。对资源进行科学分类是资源管理的首要步骤。教师和管理者应根据资源的不同特性进行分类，如三维模型、虚拟场景、互动视频、虚拟实验等，这种分类方式能够使资源更加直观和系统化。每一种资源类型都有其独特的功能和应用场景，合理的分类不仅能够帮助教师快速定位所需资源，还能提高资源在教学中的实际应用效率。例如，三维模型可以归类到视觉化资源中，而虚拟实验则可以归类到互动学习资源中，这种分类方法可以使资源的管理更加条理分明。[1] 教师可以根据资源在不同教学环节中的应用，将其分为教学准备资源、课堂演示资源、学生练习资源和评估资源等。这种基于用途的分类方式有助于教师在不同的教学阶段迅速找到适合的资源，从而提高课堂教学的流畅性和连贯性。例如，教学准备资源可以包括虚拟现实设备的操作指南和课前视频，课堂演示资源则可以包括虚拟场景展示和互动实验，学生练习资源可以是虚拟现实模拟练习，而评估资源可以是互动测验或虚拟场景中的任务完成情况。通过明确资源的用途，教师能够更加精准地选择和应用资源，增强教学效果。

不同学科对虚拟现实资源的需求和应用方式各不相同，因此，按照学科领域进行分类可以使资源更加贴近实际教学需求。例如，在自然科学领域，虚拟实验和三维模型可能是主要的资源类型，而在社会科学领域，虚拟场景和角色扮演可能更为常见。通过按学科进行分类，教师可以更快地找到与自己教学内容相关的资源，减少资源搜索的时间，提高教学准备的效率。此外，这种分类方式也有助于学校或教育机构根据学科需求分配资源，确保各学科都能获得合适的虚拟现实资源支持。资源组织的核心是建立一个清晰、易于使用的目录结构或数据库系统。教师和管理者可以采用树状结构或标签系统，将资源按照其分类层级进行归档。例如，可以建立一个顶层目录，包含所有的资源类型和学科领域，子目录则按照具体的用途或课程单元进一步细分。这样，教师在查找资源时，可以通过浏览目录或使用关键词搜索快速定位所需的资源。此外，资源组织还应考虑到资源的易用性和可访问性，例如，确保资源文件名和描述

---

[1] 张雪，罗恒，李文昊，等. 基于虚拟现实技术的探究式学习环境设计与效果研究：以儿童交通安全教育为例[J]. 电化教育研究，2020，41 (1)：69-75，83.

清晰明确，便于识别，并且为资源添加适当的元数据标签，帮助教师在数据库中进行快速检索。通过精心设计的目录结构或数据库系统，虚拟现实教学资源能够更加高效地服务于教师的教学活动。

在实际应用中，资源的分类与组织不仅能提高教学资源的管理效率，还能促进资源的共享与再利用。通过建立统一的分类和组织标准，教师和管理者可以方便地共享资源，避免重复开发，节省时间和成本。例如，在同一学校或教育机构内，不同教师可以共享同一套资源，通过清晰地分类和组织，所有教师都能够轻松找到和使用这些资源。此外，资源组织的系统化管理也为资源的维护和更新提供了便利，教师可以随时更新或替换过时的资源，确保教学内容的持续优化。

（二）资源的更新与维护

虚拟现实资源需要定期更新以跟上技术的演进和教学需求的变化。教学内容和技术工具在不断发展，如果资源没有及时更新，可能会变得过时，无法满足当前的教学需求。例如，新版本的虚拟现实平台可能具有更先进的互动功能或更高的图形处理能力，旧的资源如果不进行更新，可能无法充分利用这些新功能，从而限制了教学效果的发挥。通过定期更新，教师可以确保所使用的虚拟现实资源始终处于最佳状态，充分发挥其在教学中的潜力。此外，资源的更新不仅涉及内容的升级，还包括技术兼容性的调整。随着硬件设备和软件平台的更新迭代，资源的格式和功能可能需要相应调整。例如，虚拟现实资源在不同的设备上可能表现不同，如在高性能的桌面计算机上可以展现复杂的三维模型和细致的渲染效果，而在移动设备上则可能需要简化处理，以确保流畅运行。因此，教师和技术团队需要定期检查资源在不同硬件和软件环境中的表现，并根据需要进行格式转换和性能优化。这种调整能够确保资源在各种教学环境中都能正常运行，避免因技术兼容性问题导致的教学中断。

虚拟现实资源可能会出现性能下降或功能失效的问题，这需要通过定期的维护来解决。性能优化是确保资源能够流畅运行的重要步骤，例如，优化三维模型的多边形数量，减少不必要的渲染，或者调整资源加载顺序以缩短等待时间。此外，错误修复也是维护的重要内容，任何在使用过程中发现的错误或问题都应及时处理，以避免对教学活动产生负面影响。通过持续的性能优化和错误修复，资源的稳定性和使用体验可以得到显著提升，从而提高整体教学效果。虚拟现实教学资源的开发通常需要大量的时间和资金投入，因此延长其使用寿命可以为教育机构节省资源，并提高投资回报。通过定期检查和更新，教师可以保持资源的长期适用性，避免频繁更换资源带来的麻烦和额外成本。例如，定期更新资源中的内容和技术参数，可以使其在多个学年内持续使用，而无需每年重新开发或采购新的资源。此外，维护还可以防止资源因技术落后而失去使用价值，确保其能够在不断变化的教学环境中继续发挥作用。

教育机构应制订明确的更新与维护计划，包括何时进行资源的检查、哪些资源需要优先更新以及如何记录和跟踪资源的变化情况。通过建立一个规范的管理流程，教师和技术人员可以更好地协调工作,确保每一项资源都能得到及时更新和维护。例如,可以制作一个年度或学期的资源审查时间表,定期检查资源的使用情况,并根据最新的教学需求和技术进展做出调整。这种系统化的管理方式可以最大限度地提高资源的利用效率,确保教学活动的顺利进行。

(三) 资源的安全与存储

虚拟现实教学资源通常包含大量的数字文件和数据,这些数据不仅关系到教学内容的完整性和有效性,也可能涉及学生的个人信息和其他敏感数据。因此,管理者必须建立一个健全的数据存储和备份机制,以确保在发生系统故障或数据丢失时,资源能够迅速恢复。数据备份应包括定期的全量备份和增量备份,并将备份存储在安全的异地服务器或云存储中,以防止因自然灾害或硬件故障导致的全面数据丢失。通过建立可靠的备份机制,教育机构可以确保虚拟现实教学资源的持久性和可恢复性,避免因数据丢失而对教学活动造成重大影响。与此同时,针对虚拟现实教学资源的存储安全性,尤其是涉及学生数据或其他敏感信息的资源,必须采取严格的加密存储和访问控制措施。加密存储可以有效防止未经授权的用户访问或窃取数据,确保数据在传输和存储过程中保持机密性和完整性。管理者应采用先进的加密技术,如 AES(高级加密标准)或 RSA(非对称加密)对敏感数据进行加密存储。此外,访问控制措施也是保障数据安全的重要手段。通过设置用户权限和身份认证机制,管理者可以控制不同用户对资源的访问级别,确保只有授权人员才能访问或修改特定数据。这样,不仅保护了学生的隐私,还防止了数据的误用和泄露。

目前,教学资源的数量和规模呈现出快速增长的趋势,这对存储系统的性能和容量提出了更高的要求。管理者需要定期检查存储系统的性能,确保其能够高效处理大量的文件存储和读取操作,避免因存储系统性能不佳导致的资源访问延迟或系统崩溃。此外,随着资源的不断增加,存储容量的需求也会随之提升。管理者应提前规划存储扩展方案,如采用分布式存储或云存储,以满足日益增长的资源存储需求。通过持续监测存储系统的使用情况和容量需求,管理者可以及时进行系统升级或扩展,确保虚拟现实教学资源的长期稳定存储。虚拟现实教学资源的安全性不仅依赖于技术措施的保障,还需要完善的管理制度和流程支持。管理者应制定详细的资源存储和安全管理政策,明确数据备份、加密存储、访问控制等各项措施的执行标准和责任分工。例如,可以设立定期的数据安全检查和审计制度,定期评估存储系统的安全性和数据备份的有效性。此外,教育机构还应定期进行数据恢复演练,以确保在实际发生数据丢失时,能够迅速有效地恢复数据,减少对教学活动的影响。这种制度化的管理方式,能够将资源安全管理提升到一个更加专业和系统的层面。

管理者应采用防火墙、入侵检测系统和安全防护软件,防止恶意攻击和病毒感染。此外,定期更新系统补丁和安全软件,修复已知的漏洞和安全隐患,也是确保资源安全的重要措施。通过建立全面的网络安全防护体系,管理者可以最大限度地降低虚拟现实教学资源遭受网络攻击的风险，保障教学资源和数据的安全。

（四）资源的共享与协作

教师和教育机构可以通过建立资源共享平台，实现跨学校、跨地区的资源交流与共享。这种共享机制不仅可以大幅降低单一机构开发和维护虚拟现实资源的成本，还能够确保教育资源在更大范围内的均衡分配。例如，资源共享平台可以收集和整合来自不同学校和教师的优质虚拟现实资源，使各个教育机构都能够访问和使用这些资源，从而避免重复开发和资源浪费。这种资源共享模式，有助于缩小不同地区和学校之间的教育资源差距，提升整体教育水平。同时，资源共享平台的建立还能够推动教学质量的整体提升。在平台上，教师可以轻松地搜索和下载他人开发的虚拟现实教学资源，并根据自己的教学需求进行调整和应用。这不仅节省了教师的时间和精力，还能为他们提供丰富的教学素材和灵感，从而提高课堂教学的创新性和有效性。此外，资源共享平台还可以为教师提供一个展示自己教学成果的空间，教师可以通过上传自己设计的虚拟现实资源，与同行分享经验和创意。这种共享机制，不仅促进了资源的广泛应用，还为教师提供了一个相互学习和共同进步的机会，进一步推动教学方法的创新。

协作开发意味着教师和教育技术专家可以共同参与虚拟现实资源的设计与制作，结合各自的专业知识，创造出更加符合教学实际需求的资源。例如，教师可以提出具体的教学目标和内容需求，而技术专家则负责将这些需求转化为可操作的虚拟现实体验。通过这种协作，虚拟现实教学资源不仅能够更精准地贴合课程目标，还能够融入更多技术上的创新和改进，从而提升资源的教学效果和学生的学习体验。协作开发还可以通过跨学科的合作，创造出更具综合性和多样化的虚拟现实资源。不同学科的教师可以在协作开发中分享各自的专业知识和教学经验，共同设计跨学科的虚拟现实教学内容。例如，科学教师和艺术教师可以合作开发一个结合科学实验和艺术创作的虚拟现实项目，让学生在探索科学原理的同时，也能激发他们的创意思维。这种跨学科的协作，不仅拓宽了虚拟现实资源的应用范围，还为学生提供了更加丰富和多维度的学习体验，促进他们的全面发展。

通过平台化的资源共享和协作开发，教育机构可以逐步建立起虚拟现实教学资源的标准和规范，如资源的格式、内容的质量标准、互动的设计要求等。这种标准化不仅能够提高资源的通用性和易用性，还能为后续的资源维护和更新提供便利。例如，标准化的资源格式可以确保资源在不同的虚拟现实平台上兼容运行，而统一的质量标准则能够保障资源的教育效果和学生的学习体验。通过资源共享与协作推动教育资源的标准化建设，教育机构可以更加高效地管理和使用虚拟现实资源，为教学活动提供更加可靠和优质的支持。

二、虚拟现实教学资源的维护

（一）定期更新与兼容性检查

随着虚拟现实技术的快速发展，硬件设备和软件平台不断推陈出新，教师和教育机构必须及时对现有教学资源进行更新，以保持其在新环境中的适应性。定期更新不仅包括对资源内容的升级，还涉及功能的扩展与优化，使资源能够更好地服务于教学目标。例如，当虚拟现实平台引入新功能或更高效的渲染技术时，更新资源以利用这些新功能，可以显著提升学生的学习体验。新版本的硬件设备和操作系统往往带来更强的性能和更多的功能，但也可能导致旧版本的资源出现不兼容的问题。因此，教师和技术团队需要定期测试资源在新设备和系统上的运行情况，确保资源能够在新的技术环境中顺畅使用。例如，在新一代虚拟现实头显设备发布后，技术团队应测试现有资源的显示效果和互动功能，必要时进行调整，以适应新设备的分辨率和操作方式。通过定期的兼容性检查，教师可以避免因资源不兼容而影响课堂教学的顺利进行。

定期更新和兼容性检查不仅有助于维护资源的技术适应性，还能提升资源的教学有效性。随着教学需求的变化，教师可能需要对资源内容进行调整或扩展，以适应新的课程目标或教学方法。例如，随着课程内容的深化，教师可能希望在原有资源基础上增加更复杂的互动场景或详细的学习模块。通过定期的内容升级，资源能够保持与教学目标的同步更新，持续提供高质量的学习体验。同时，兼容性检查确保了这些升级内容能够在各种设备上无缝运行，避免因技术障碍而影响教学效果。定期更新和兼容性检查还可以延长虚拟现实教学资源的使用寿命，提升教育机构的投资回报率。开发和采购虚拟现实教学资源通常需要投入大量的资金和人力资源，因此，延长资源的使用周期是提高成本效益的重要手段。通过及时更新资源内容和确保兼容性，教育机构可以在不重新开发新资源的情况下，继续使用现有资源，从而节省资金和时间。此外，这种持续的更新和维护也有助于资源保持技术的前沿性，确保学生始终能够接触到最新的技术应用和教学内容。

为了有效实施定期更新与兼容性检查，教育机构应建立一套系统化的管理流程。可以设立资源更新的时间表，例如每季度或每学期进行一次全面的资源检查和更新计划。技术团队应定期收集设备和系统更新的信息，及时识别可能影响资源兼容性的因素，并在资源更新前进行全面测试。此外，教师也应参与更新过程，通过反馈和建议帮助技术团队优化资源内容和功能，使其更好地服务于实际教学需求。通过这种系统化的管理，虚拟现实教学资源的更新与兼容性检查能够更加高效地进行，确保资源的长期有效性和高效性。

（二）性能优化与错误修复

虚拟现实教学资源的性能直接关系到学生的参与度和学习效果。因此，提高资源的加载速度是性能优化的首要任务之一。在教学过程中，资源加载的延迟可能会打断学生的学习节奏，甚至导致他们失去学习的兴趣。通过优化资源的加载流程，减少不必要的文件大小，或者采用更高效的压缩算法，开发团队可以显著缩短资源的加载时间，从而确保学生能够快速地进入学习状态，保持高效的学习体验。虚拟现实技术的魅力在于其能够创造出逼真的三维环境和场景，这对增强学生的沉浸感和理解力至关重要。然而，复杂的三维模型往往需要较高的计算资源来渲染，可能导致资源运行缓慢或出现卡顿现象。为了解决这一问题，开发团队应对三维模型进行优化，例如减少多边形数量、简化材质贴图或者利用 LOD（level of detail）技术，根据场景的复杂性和设备性能动态调整渲染质量。通过这些优化措施，资源不仅能够在各种设备上流畅运行，还能保持高质量的视觉效果。

在互动环节的流畅度提升方面，开发团队需要特别关注用户的操作反馈和系统响应之间的延迟。虚拟现实教学资源通常包含大量的互动元素，如虚拟实验、情景模拟和角色扮演等，这些互动环节的流畅性直接影响学生的操作体验。如果系统响应迟缓或操作不流畅，学生可能会有挫败感，进而影响他们的学习积极性。因此，开发团队应优化互动系统的响应时间，减少延迟，确保学生的每一个操作都能得到即时而准确反馈。通过提升互动环节的流畅度，学生能够更加自然地与虚拟环境进行交互，从而增强学习的沉浸感和效果。资源在使用过程中难免会出现各种问题，如程序错误、兼容性问题或者因使用环境变化引发的崩溃等。为了保证资源的稳定性和可用性，开发团队需要建立系统的错误监测和修复机制。教师和学生在使用过程中遇到的问题，应通过反馈渠道及时报告给开发团队，以便迅速定位和修复问题。例如，如果学生在操作某个虚拟实验时频繁遇到程序崩溃，开发团队应优先处理这一问题，确保教学活动不受干扰。通过及时的错误修复，资源能够保持稳定运行，避免对教学过程产生负面影响。

性能优化与错误修复不仅仅是技术层面的任务，还需要与用户体验密切结合。开发团队应定期收集用户反馈，了解学生和教师在使用资源过程中的感受和意见，从中发现潜在的性能问题和错误。例如，教师可能会反馈某些资源在特定场景下加载缓慢，或者学生反映互动环节的操作体验不佳，这些都是需要优先关注和改进的方面。通过用户反馈与技术优化的结合，虚拟现实教学资源能够不断提升其性能和稳定性，提供更加优质的学习体验。

（三）数据备份与恢复机制

虚拟现实资源通常涉及大量的数字文件和数据，这些数据不仅对资源的完整性至关重要，还直接影响到教学活动的正常开展。为了防止数据丢失带来的潜在风险，建立健全的数据备份机制是管理者必须优先考虑的措施之一。通过定期对资源文件进行备份，并将其存储在安全的存储位置，如云存储、外部硬盘或异地服务器，管理者可以确保在发生意外情况时，资源数据能够得到有效保护。这种备份策略不仅可以防止因硬件故障、恶意攻击或人为错误导致的数据丢失，还能为教育机构提供一份额外的安全保障。此外，数据备份的频率和方法应根据资源的重要性和更新频率进行合理规划。对关键性资源，如教学核心的三维模型、复杂的虚拟场景和重要的用户交互数据等，管理者应选择高频率的增量备份方式，确保每次更新后的数据都能及时被备份。而对一些较少更新的资源，可以采用定期的全量备份方式，以降低备份的时间和存储成本。通过灵活的备份策略，管理者不仅能确保资源的完整性和安全性，还能优化备份流程，提升管理效率。

在数据丢失或损坏时，能够迅速有效地恢复资源是最小化对教学活动影响的关键。为此，教育机构应制订详细的数据恢复计划，明确在不同情况下的恢复步骤和责任分工。例如，在硬盘损坏或服务器故障的情况下，如何迅速启动备份数据，确保教学资源能够在最短时间内重新上线。恢复机制还应包括定期的恢复演练，确保技术团队和管理人员能够熟练掌握恢复流程，快速应对突发事件。通过系统化的恢复机制，虚拟现实教学资源能够在遭遇不测时保持高可用性。数据备份与恢复机制的有效性不仅依赖于技术手段，还需要配套的管理制度和流程支持。管理者应设立专门的备份管理制度，明确数据备份和恢复的频率、方法、责任人以及应急预案。定期检查和更新备份策略，确保其始终适应资源规模的增长和技术环境的变化，也是保障机制有效性的关键。此外，教育机构应重视数据备份和恢复的培训工作，使所有相关人员都能理解并执行备份和恢复流程，确保在突发情况下能够迅速做出反应。

新兴的云计算技术、分布式存储系统和加密存储方法，为教育机构提供了更多选择，使其能够更加灵活和安全地管理虚拟现实教学资源。例如，利用云存储服务，管理者可以实现更高的备份频率和更快的数据恢复速度，同时还能够根据需求灵活调整存储容量和计算资源，确保资源管理的高效性和可扩展性。通过不断优化和更新数据备份与恢复机制，教育机构可以确保虚拟现实教学资源在未来的教育环境中始终保持安全性和可用性。

（四）用户反馈与持续改进

在虚拟现实教学资源的管理和维护中，用户反馈的收集与持续改进是确保资源能够长期适应教学需求的关键因素。建立有效的反馈机制是资源持续改进的基础。教师和学生作为资源的直接用户，其使用体验和意见对资源的优化至关重要。通过设立便捷的反馈渠道，如在线问卷、定期讨论会或专门的反馈平台，管理团队可以持续收集用户的真实体验和建议。这些反馈不仅可以帮助开发团队及时发现资源中的问题，还能为后续的改进提供方向。例如，教师可能会反馈某些资源在实际教学中效果不佳，或学生反映某些互动设计难以理解，这些信息都能为资源的优化提供宝贵的参考。用户反馈的收集不仅应注重问题的发现，还应积极鼓励用户提出建设性改进建议。教师和学生在长期使用资源的过程中，可能会积累一些有益的经验和创新的想法，这些都可以通过反馈机制传递给开发团队。管理团队可以通过组织教师与开发人员的交流会或创新竞赛，激发用户的参与热情，让他们主动分享自己的改进思路。例如，教师建议调整虚拟教学资源中的教学内容，以更好地符合课程进度，或学生建议增加某些互动元素以增强学习趣味性。通过积极引导和采纳这些建设性意见，虚拟现实教学资源能够不断迭代升级，更好地适应教学的动态变化。

　　管理团队在收集反馈后，应迅速组织开发团队对反馈内容进行分析，并制订相应的优化方案。对影响较大的问题或共性需求，开发团队应优先处理，并在资源的下一版本中予以落实。此外，管理团队还应定期向用户反馈改进的进展和结果，增强用户的信任感和参与感。例如，当某一版本的资源更新时，可以通过邮件通知、平台公告或教师会议等方式，告知用户更新内容和改进的具体措施。这种透明的沟通方式不仅能提高用户的满意度，还能促使他们继续提供有价值的反馈，从而形成一个良性循环。与此同时，持续改进的过程不仅应关注反馈中的问题修复，还应注重资源的创新发展。随着虚拟现实技术的不断进步和教育需求的变化，资源的创新性改进能够为教学带来新的活力和机遇。开发团队可以根据用户反馈中提出的趋势性需求，探索和引入新的技术元素，如增强现实、人工智能等，为资源注入新的功能和体验。此外，通过分析用户反馈中反映的教学效果和学生学习成果，管理团队可以识别哪些资源和设计最能促进学习，进而在未来的资源开发中推广这些成功经验。通过持续的创新改进，虚拟现实教学资源不仅能够跟上技术发展的步伐，还能引领教育模式的革新。

参考文献

[1] 付达杰.虚拟现实与教育研究的文献计量学分析[J].北京联合大学学报(自然科学版),2011,25(4):41-45.

[2] 李建荣,孔素真.虚拟现实技术在教育中的应用研究[J].实验室科学,2014,17(3):98-100,,103.

[3] 腊国庆.虚拟现实技术在教育中的应用研究[J].宿州教育学院学报,2015,18(3):93-94.

[4] 赵云鹏.虚拟现实技术在教育教学中的应用与研究[J].计算机光盘软件与应用,2013,16(7):166-167.

[5] 张晗.虚拟现实技术在医学教育中的应用探讨[J].西北医学教育,2010,18(1):48-51.

[6] 高亮.新媒体VR虚拟技术在小学教育中的应用与研究[J].东西南北,2020,559(11):156-158.

[7] 张静,张伟.虚拟现实技术在教育管理中的运用探究[J].教育信息化论坛,2023(8):12-14.

[8] 朱锋,夏阳.基于VR的网络教育研究与应用[J].计算机工程与设计,2005,26(9):2500-2502.

[9] 王倩.虚拟现实技术与在线智慧教育的融合路径研究[J].信息与电脑,2023,35(9):246-248.

[10] 陈巧兰.试论虚拟现实技术在科普教育中的研究与实现[J].科技创新与应用,2015(24):300.

[11] 许爱军,张文金,易丹.基于虚拟现实技术的远程教育平台研究与实现[J].计算机系统应用,2007(8):23-26.

[12] 黄奕宇.虚拟现实(VR)教育应用研究综述[J].中国教育信息化,2018(1):116.

[13] 丁国栋,杨雪.用Java3D实现Web虚拟现实的研究与实践[J].中国教育技术装备,2006(2):29-32.

[14] 肖俊敏,王春辉.虚拟现实技术在语言教育中的应用——研究现状,作用机制与发展愿景[J].首都师范大学学报:社会科学版,2023(5):91-105.

[15] 吴亚军.虚拟现实技术在智慧教育中的应用探索[J].电脑与电信,2022(6):14-19.

[16] 王小巍,崔艳萍,危侃.基于虚拟现实技术的士官教育研究[J].计算机与信息技术,2009(10):3.

参 考 文 献

[17] 王晶,张秀山,王锋.虚拟现实技术在军校教育中的应用研究[J].计算机与数字工程,2006(12):97-100.

[18] 康凤.虚拟现实在远程教育中的应用及其实现[J].教育与教学研究,2006,20(6):69-70,72.

[19] 张雪,罗恒,李文昊,等.基于虚拟现实技术的探究式学习环境设计与效果研究:以儿童交通安全教育为例[J].电化教育研究,2020,41(1):69-75,83.

[20] 刘锋锋,陈晰.虚拟现实与教育[J].实验室研究与探索,1999(3):35-37.43.

[21] 李时.虚拟现实与中国古代建筑艺术教育融合策略研究[J].美术观察,2023(7):78-79.

[22] 张文利,陈晨,王岳,等.基于虚拟现实的医学教育应用与设计研究[J].中国教育技术装备,2023(5):36-39.

[23] 刘震磊,李欣宇,张磊,等.虚拟现实技术在中国空间站科普教育中的研究与应用[J].军民两用技术与产品,2023(4):34-38,58.

[24] 刘叶,韩帆.虚拟现实技术在科普教育中的应用与研究:以海洋生物科普为例[J].中文科技期刊数据库(全文版)教育科学,2022(7):3.

[25] 赵萍.基于桌面虚拟现实的教育游戏设计与研究:以高职景观设计课程为例[J].电脑知识与技术,2021,17(31):250-252.